実務本位　所有者不明土地関係

知らなきゃ危ない　改正民法

改正不動産登記法

相続土地国庫帰属法

Q&A

深沢綜合法律事務所
弁護士 柴田 龍太郎

# はじめに

　「民法・不動産登記法の改正法（所有者不明土地関係）」、「相続等により取得した土地所有権の国庫への帰属に関する法律」が令和3年4月21日に国会で成立しました。

　改正民法の施行は令和5年4月1日、「相続等により取得した土地所有権の国庫への帰属に関する法律」の施行は令和5年4月27日、改正不動産登記法のうち相続登記の申請義務化等については令和6年4月1日、住所等の変更登記の義務化等については令和3年4月28日の交付日から5年以内となっています。改正不動産登記法のうち後者の施行日が遅いのは、国として新たなシステム構築が必要だからです。

　本改正は共有制度を中心とした物権法・不動産登記法の領域だけでなく遺産分割等の相続法、家事審判法、非訟事件手続法の領域も含まれる大改正であります。

　詳しいQ＆Aは今後ある程度時間をかけて執筆する予定ですが、今回は、全体像を理解していただくための基本的部分について解説してみました。ちなみに当初言われていた不動産所有権放棄制度については国民的関心事となっていましたが、結果的には不動産所有権放棄制度ではなく「相続等により取得した土地所有権の国庫への帰属に関する法律」として立法化されるなど、現時点でもあらましの正確な理解は重要と思います。

　本Q＆Aを一読いただき今回の改正の全体像の理解に役立てていただければ幸いです。

令和4年9月吉日<br>
深沢綜合法律事務所<br>
弁護士　柴田龍太郎

## コラム / 改正直後に法改正の本をまとめるむずかしさ

　民事基本法の改正が続き、われわれ弁護士にとっても、基本的な仕事の内容に影響することですから当然に勉強しなければなりません。そして、できれば本にまとめたいと考えます。本にして印税を稼ぐということが目的ではなく、改正法全体について本にまとめることは、執筆の際に改正法に関する資料を集めて、それを読むことで勉強になり、それを執筆することでまた勉強になり、校正の段階で何回も読み直すことでさらに勉強になって、自然に改正内容が頭に入るからです。そして一度本にしてしまうと、文中に資料を引用しますから、集めた資料の散逸を防止でき、いつでも出典を明らかにできることになります。

　当事務所では債権法の改正の時は「民法（債権法）改正による不動産実務の完全対策」（プログレス）を、相続法の改正の時は「改定・相続円満解決法」（深沢綜合法律事務所編）を出版しました。

　終わればそれなりの充実感はありますが、執筆中は文字通り四苦八苦です。法制審議会の部会資料の整理から始まり読み込みが続きます。先行する指針となる著作[*1]がありませんから暗中模索です。当事務所では一応の分担を決めて報告会を行い、疑問点はそこでぶつけ合い議論をします。今回も同じプロセスを踏みつつあります。全体について詳細な資料をまとめるのはもう少し時間を必要としますが、本書ではとりあえず、直ぐにでも実務に役立つあらましをまとめてみました。

---

[*1]　本書の執筆の終盤に差し掛かった頃の令和3年5月に弁護士荒井達也氏による労作「Ｑ＆Ａ令和3年民法・不動産登記法改正の要点と実務への影響」（日本加除出版株式会社）が出版された。極めて緻密に改正内容の論点・問題点を分析しており、今後の改正実務をリードしていくものと思われる。本書においても大いに参考にさせていただいた。本文中では「荒井Ｑ＆Ａ」と表示している。

**最終要綱と改正条文のつき合わせが大変だった**

　法制審議会の改正法案に向けての最終案は、「要綱」という形で令和3年3月2日に公表されました。その後、その要綱に基づき国会に提出される改正法案が作成され、国会で成立をみたわけですが、そのつき合わせが大変でした。

　理由は、今回の改正は民法の改正だけでなく不動産登記法、非訟事件手続法、家事審判法にまたがっているのですが、要綱では一緒の規律として記述されておりました。要綱の「注」を読まないと改正法を理解できない部分もあるため、要綱と改正法の条文のつき合わせが必要ですが、要綱に示された規律の一部は、未だ法文化されておらず、今後制定される規則や実務運用に任せるというのもあるのです。

　そして、この本を執筆するにあたっては、改正法の法文を引用するのが内容としては一番正確なのですが、それでは読み手は無味乾燥で理解も難しいと思います。そこで、改正内容の客観性を維持しながら、できるだけわかりやすくするために要点をコラムの形でまとめることにしたのです。


## 関連リンク（2022年7月1日現在）

### 法務省　民法等の一部を改正する法律案

https://www.moj.go.jp/MINJI/minji07_00179.html

### 法務省　相続等により取得した土地所有権の国庫への帰属に関する法律案

https://www.moj.go.jp/MINJI/minji07_00190.html

### 法務省　法制審議会−民法・不動産登記法部会

https://www.moj.go.jp/shingi1/housei02_00302.html

# 目　次

## 第1章　総　説

## 第2章　登記制度の改正

第3章 **相続等により取得した土地所有権の国庫への帰属に関する法律（相続土地国庫帰属法）**

## 第6章　隣地所有者による利用・管理の方策

第7章 所有者不明土地管理命令等

# 第1章　総説

**Q₁**　所有者不明土地の解消に向けた民事基本法制の見直しについての
あらましを説明して下さい。

**A₁**

　不動産登記簿により所有者が直ちに判明せず、あるいは判明しても連絡がつかない所有者不明土地は、民間の土地取引や公共事業の用地取得、森林の管理など様々な場面で問題となっており、その対策は、国として取り組むべき重要な課題となっていました。

　所有者不明土地は、土地の所有者が死亡しても相続登記がされないこと等によって発生しますが、所有者の探索に多大な時間と費用を要するなど、土地の円滑・適正な利用に支障が生じ、東日本大震災の復興の妨げにもなっています。今後人口がさらに減少していくことが見込まれ、また相続登記が未了のまま相続が繰り返される中で、所有者不明土地問題は一層深刻化するおそれがあると考えられており、その解決に向けて、民事基本法制の見直しを早急に図ることが必要となっていました。

1. 法務省では、高齢化社会の進展等で、今後も所有者不明土地が増加するおそれがある状況に鑑み、(1) 所有者不明土地の発生予防と、(2) 既に発生している所有者不明土地の利用の円滑化の両面から総合的に民事基本法の見直しを行い、2つの法案を提出し、同法はいずれも令和3年4月21日に成立し、同月28日に公布されました。

---

**【参考】所有者不明土地の割合**

　地積調査における土地所有者等に関する調査（平成29年度国土交通省調査）
➡22.2％（九州の総面積よりも広大な面積となる*²)。その後、探索の結果、所有者不明土地の割合は0.44％とされている*³（参議院政府参考人）。

---

*² 登記だけでは所有者又はその所在が不明。多くは追跡調査で所有者及び所在が判明（広義の所有者不明土地）。➡調査に多くの手間・時間・コストがかかる。調査の結果、多数の相続人がいることが判明し（メガ共有地）、権利調整が難航する。

*³ 追跡調査しても所有者又はその所在が不明（狭義所有者不明土地）

## 2. 所有者不明土地の発生を予防する方策

○「民法等の一部を改正する法律」(不動産登記法の一部改正)

　　所有者不明土地の主な発生原因は、相続登記や住所変更登記の申請が義務でないことにある。

➡不動産について相続登記や住所変更登記の申請を法律上義務付けるとともに、登記手続の簡素化や登記官による職権的な住所情報等の更新など国民負担軽減をパッケージで導入。

○「相続等により取得した土地所有権の国庫への帰属に関する法律」(新法)

①土地利用ニーズの低下等により、土地を相続したものの、土地を手放したいと考える者が増加している。

②相続を契機として、取得した所有者の負担感が増しており、管理の不全化を招いている。

➡相続・遺贈により土地を取得した者が、一定の要件の下で法務大臣の承認を受けてその土地を国庫に帰属させる制度が創設された。

## 3. 所有者不明土地の利用の円滑化を図る方策

○「民法等の一部を改正する法律」(民法の一部改正)

　　現行の不在者財産管理人・相続財産管理人は、人単位で財産全般を管理する必要があり、非効率になりがちである。所有者不明土地は、所有者等による法的な意思決定(管理方法の決定、第三者による利用への承諾等)が円滑になされない状態であることが少なくない。そこで、このような状態のままでもその一部を裁判所を関与させながら関係者(共有者、隣地所有者、その他の関係者等)が円滑、かつ適正に土地を利用・管理できるように、共有制度、相隣関係規定、財産管理制度を改正内容とした。

### コラム／ 何のための改正であったか

　　「債権法」、「相続法」に引き続き、今回、「物権法」と「不動産登記法」等が改正されました。民法のような基本法を改正すると、国民生活が少なからず混乱するため、それを上回る社会的メリットが必要です。これを立法事実の必要性といいます。

　　令和2年4月1日に施行された改正債権法(契約法)は、グロバール化の中、国際間取引が増大することを見越し、日本の社会通念より契約当事者の具体的合意を優先さ

せるためのものでした。社会通念重視の「大陸法」から当事者合意重視の「英米法」への転換とも言われました

　令和元年7月1日に施行された改正相続法は、超高齢化する日本社会で老人保護を目指し、「配偶者居住権」、「自筆証書遺言の要件緩和」、「特別受益の持ち戻し免除」等の制度導入のためでした。

　それでは、今回の物権法等の改正目的は何だったのでしょう。そうです、ズバリ「所有者不明土地」の解消とその利用促進ですね。

　所有者不明土地は、土地の所有者が死亡しても相続登記がされないこと等によって発生しますが、所有者を探すためには多大な時間と費用を要します。それは、土地の円滑・適正な利用に支障が生じ、東日本大震災の復興の妨げにもなりました。今後人口がさらに減少していく中で、相続登記の未了が繰り返されると、所有者不明土地問題はさらに深刻化します。参議院における政府参考人の答弁によると、現時点の所有者不明土地の面積は九州の総面積よりも広い368万ヘクタールですが、20年後の令和22年頃には約2倍の720万ヘクタールになると予想されるとの説明がありました。なお、所有者不明土地の中で各地目が占める割合の資料はありませんが、地目別の所有者不明土地が占める割合としては、宅地については14%、農地については18.5%、林地については25.7%が、それぞれ所有者不明土地であるとのことです。したがって、その解決に向けて、早急に物権法・不動産登記法等を見直す必要があったのです。改正法は令和3年4月21日に国会で成立、同月28日に公布され、本体部分は令和5年4月1日に施行されます。

 **（1）所有者不明土地の発生予防策と（2）発生した所有者不明土地の円滑かつ適正な利用・管理の方策についてもう少し具体的に教えて下さい。**

A2

### （1）発生予防策

　空き家問題が「管理の放置」による問題であるとすれば、所有者不明土地問題は「権利の放置」による問題であるという指摘がありました。
　ここで、「権利の放置」の問題を、法的な観点から整理すれば、(1-1)「権利名義」（登記）の放置の問題（相続等があっても名義変更等がなされない問題）と(1-2)「権利自体」の放置の問題（管理放棄地の所有権が適切な受け皿に承継されずに放置

される問題、遺産分割が長期間なされずに放置される問題等）に分類できます。

改正法は、(1-1)「権利名義」（登記）の放置予防策として、①相続登記の義務化等や②登記と戸籍のシステム連携等を、(1-2)「権利自体」の放置予防策として、③相続等を契機とした土地所有権の国庫帰属制度の創設や④遺産分割を見直し、遺産分割の期間制限等が創設・改正されました。

## (2) 円滑かつ適正な利用・管理の方策

所有者不明土地は、所有者等による法的な意思決定（管理方法の決定、第三者による利用への承諾等）が円滑になされない状態であることが少なくありません。そこで、このような状態のままでも関係者（共有者、隣地所有者、その他の関係者等）が円滑かつ適正に土地を利用・管理できるように、⑤共有制度、⑥相隣関係規定、⑦財産管理制度を改正内容としています。

---

### コラム / 所有者不明土地への従来の取組

【国土交通省】

(1) 平成28年3月「所有者の所在の把握が難しい土地に関する探索・利活用のためのガイドライン」の作成・公表

(2) 平成30年6月「所有者不明土地特措法」の制定

所有者不明土地の公共目的で円滑な利用を実現するため、①所有者不明土地を円滑に利用するしくみ、②所有者の探索を合理化するしくみ、③所有者不明土地を適切に管理するしくみが設けられた。

(3) 令和2年3月「土地基本法・国土調査法」の改正

「土地基本法等の一部を改正する法律」[4]では、人口減少の進展等を背景に生じている所有者不明土地問題等の解消に向けた第一歩として、土地政策の総合的な推進を図るための具体的施策の方向性を示す「土地基本方針」を新たに策定するとともに、地籍調査等の迅速かつ効率的な実施を図るため、令和2年度を初年度とする「国土調査事業十箇年計画」を「土地基本方針」に即して策定することとされてた。

---

[4] 土地所有者等は、その所有する土地に関する登記手続その他権利関係の明確化の措置及びその土地の所有権の境界の明確化のための措置を適切に講ずるように努めなければならない（同法6条1項及び2項）。

**【農林水産省・林野庁】**

(1) 平成25年「農地法」の改正

　農地の相続人の所在がわからないこと等により、所有者不明となっている遊休農地については、農業委員会による公示、都道府県知事による裁定を経て、農地中間管理機構が借り受けることができることになった。

(2) 平成23年、28年「森林法」の改正

　23年の改正では、森林所有者が、早急に間伐が必要な森林（要間伐森林）の間伐を行わない場合に、所有者が不明であっても、行政の裁定により施業代行者が間伐を行うことができるようにするなど制度を拡充し、28年の改正では、共有林の立木の所有者の一部が所在不明であっても伐採・造林ができるよう、所在不明者の持分の移転等を行う裁定制度が設けられた。

(3) 平成30年①「農業経営基盤強化促進法」の改正・②森林経営管理法の制定

　①では、共有者不明農地に係る農用地利用集積計画の同意手続の特例が設けられた。

　②不明森林共有者や不明森林所有者がいる場合でも、市町村が経営管理権集積計画を定めることができる特例措置が設けられた。

**【総務省】**

令和元年住民基本台帳法改正

　令和元年6月20日から、住民基本台帳法の一部が改正され、住民票の除票及び戸籍の附票の除票が現行の5年間から150年間保存することになった。

※ただし、既に保存期間を経過してしまっているもの（平成26年3月31日以前に消除又は改製したもの）については、発行することはできない。

**【財務省】**

　令和元年6月に今後の国有財産行政の目指すべき方向性について、13年ぶりとなる答申があり、同答申では、国有財産の最適利用に向けた管理処分の見直しに係る具体的方策など、いくつかの提言があった。財務省としては、答申を踏まえつつ、少子高齢化に伴う地域・社会のニーズの変化、急速に進むデジタル化や生活様式の変化といった新しい時代の要請に応えるべく、国有財産の最適利用に向けた不断の取組を行っていきたいとし、財務省としても今後の動きが加速していくことが予想されている。

**【法務省】**

(1) 平成27年2月「市町村窓口と連携した相続登記の促進」キャンペーンを開始

　広報用パンフレット配布

(2) 平成29年5月「法定相続情報証明制度」の創設

　不動産登記規則を改正し、法定相続情報一覧表の写しの交付を行う法定相続情報証

明制度を開始

(3) 平成29年8月「共有私道の保存・管理等に関する事例研究会」の設置

　「複数の者が所有する私道の補修工事等を円滑に実施できるようにするための事例研究会を設置」、平成30年1月に「複数の者が所有する私道の工事において必要な所有者の同意に関する研究報告書〜所有者不明私道への対応ガイドライン」*5を作成・公表。35件のケーススタディを紹介

(4) 登録免許税の免許措置の創設

　数次の相続を経ても登記が放置されている土地及び相続登記を促進すべき地域における少額土地（一筆10万円以下）について、相続による所有権移転の登記等について登録免許税を免除

(5) 平成30年11月15日「所有者不明土地特措法」の制定

　法務省及び国土交通省が所管する「所有者不明土地の利用の円滑化等に関する特別措置法」の一部が施行され、法務省関連の制度の運用が開始された。

　この特別措置法では、法務省関連の制度として、登記官が、所有権の登記名義人の死亡後長期間にわたり相続登記がされていない土地について、亡くなった人の法定相続人等を探索した上で、職権で、長期間相続登記未了である旨等を登記に付記し、法定相続人等に登記手続を直接促すなどの不動産登記法の特例が設けられた。また、地方公共団体の長等に財産管理人の選任申立権を付与する民法の特例も設けられた。

(6) 令和元年5月「表題部所有者不明土地法の制定」

　具体的には、①表題部所有者不明土地の登記の適正化を図るための措置として、登記官に所有者の探索のために必要となる調査権限を付与するとともに、所有者等探索委員制度を創設するほか、所有者の探索の結果を登記に反映させるための不動産登記法の特例が設けられた。また、②所有者の探索を行った結果、所有者を特定することができなかった表題部所有者不明土地について、その適正な管理を図るための措置として、裁判所の選任した管理者による管理を可能とする制度が設けられた。

　なお、本法津は、①については令和元年11月22日から、②については令和2年11月1日から施行された。➡129頁コラム参照

(7) 民法・不動産登記法等の改正

---

*5 改正民法252条の軽微変更（形状又は効用の著しい変更を伴わないもの）は共有持分の過半数で行うことができるとの規律がガイドラインの結論に必ずしも影響しないとの見解もあるが、いずれにせよ同ガイドラインの改定が待たれる。なお、改正法の規律では、共有私道に無断で、長期間、自動車を駐車させている共有者がいる場合に持分価格の過半数により、撤去を求め得る。

**3** 今回の改正内容全体がわかるよう本書の章立てと全体像を図示をして下さい。

**A₃**

## 1.　本書の章立て

第1章　総説

第2章　登記制度の改正〜相続登記・住所、名称の変更登記の申請等の義務化

第3章　相続により取得した土地所有権の国庫への帰属に関する法律

第4章　遺産分割長期未了状態への対応〜遺産分割制度の見直し

第5章　共有制度の見直し〜相続財産の共有分割の特則を含む

第6章　相隣関係

第7章　所有者不明土地・建物管理命令等

第8章　管理不全土地・建物管理命令等

第9章　相続財産等の管理制度

　以下の表では改正民法を「民」、不動産登記法を「不」、非訟事件手続法を「非」、家事事件審判法を「家」と表示します。

| 所有者不明土地の解消に向けた民事基本法制の見直し | | |
|---|---|---|
| 所有者不明土地が全国に多数存在し、公共事業の実施や民間取引を妨げるなど、多くの問題を引き起こしている。法務省では、高齢化社会の進展等で、今後も所有者不明土地が増加するおそれがある状況に鑑み、（1）所有者不明土地の発生予防と、（2）既に発生している所有者不明土地の利用の円滑化の両面から総合的に民事基本法の見直しを行い、2つの法案を成立させた。なお、「所有者不明土地」とは不動産登記簿により所有者が直ちに判明せず又は判明しても連絡がつかない土地をいう。➡第1章（13頁） | | |
| 方　策 | 問題解決の方向性 | 今回の改正項目 |
| （1）発生予防策 | (1-1)「権利名義」（登記）の放置予防策▶所有者不明土地の主な発生原因は、相続登記や住所変更登記の申請が義務ではないことにある。所有者不明土地は国土全体の約22.2％にのぼる（H29度国土交通省調査）。 | 1.　相続発生を不動産登記に反映させるしくみ➡第2章（23頁）<br>①相続登記等の見直し（相続登記申請の義務化（不76の2）➡過料の制裁（不164①）、登記手続きの簡略化（不63③）<br>②権利能力を有しないこととなったと認めるべき所有権登記名義人の符号の表示（不76の4）➡登記で死亡の有無の確認が可能<br>2.　氏名又は名称及び住所情報更新を図る仕組み➡第2章（37頁）<br>①変更があった場合の登記申請の義務化➡過料の制裁（不75の5、不164②） |

| | | |
|---|---|---|
| | | ②登記と戸籍のシステム連携等（不76の6）<br>➡登記手続の簡素化や登記官による職権的な住所情報等の更新など国民負担軽減をパッケージで導入。 |
| | (1-2)「権利自体」の放置予防策 | 3. 相続等を契機とした土地所有権の国庫帰属制度の創設（新法➡第3章（53頁））▶土地の利用ニーズの低下等により、土地を手放したい者が増加。相続により土地を取得した者の負担感が大きく、管理不全化を招いている。➡相続等により土地を取得した者が、一定の要件の下で法務大臣の承認を受けてその土地を国庫に帰属させる制度を創設。<br>④遺産分割長期未了状態への対応➡第4章（遺産分割制度の見直・69頁）、第5章（共有制度の見直し・相続財産の共有物分割の特則を含む77頁）▶長期間放置された後の遺産分割では具体的相続分に関する証拠等が散逸し、共有状態の解消が困難<br>○相続開始から10年を経過したときは、個別案件ごとに異なる具体的相続分による分割の利益を消滅させ、画一的な法定相続分で簡明な遺産分割を行う仕組みを創設する（民904の3）➡遺産分割長期未了状態の解消を促進する。<br>○遺産分割を共有物分割の特則➡（民258①、258の2）➡第5章Q15～17（88頁） |
| (2) 円滑・適正な利用・管理の方策 | (2-1)「共有者」による利用・管理の方策 | ⑤共有制度の見直し➡第5章（77頁）<br>▶不明所有者がいる場合には、利用に関する共有者間の意思決定や持分の集約が困難➡共有物の利用の円滑化を図る仕組みの整備を図るため、共有制度全体を見直し①裁判所の関与の下で、不明共有者等に対して公告等をした上で、残りの共有者の同意あるいは過半数で、共有物の変更行為や管理行為を可能にする制度を創設（民251、252②、非85）、②裁判所の関与の下で、不明共有者の持分の価格に相当する額の金銭の供託により、不明共有者の共有持分を取得して不動産の共有関係を解する仕組みを創設する（民262の2）。➡不明共有者がいても、共有物の利用・処分を円滑に進めることが可能になる。 |

| | | |
|---|---|---|
| | (2-2)「隣地所有者」による利用・管理の方策 | ③相隣関係規定の見直し➡第6章（97頁）<br>▶竹木の枝の切除（民233）<br>▶ライフラインの導管等を隣地等に設置することについての根拠規定がなく、土地の利用を阻害。<br>○ライフラインの設備設置権等の規律を整備し、ライフラインを自己の土地に引き込むための導管等の設備を他人の土地に設置する権利を明確化し、隣地所有者不明状態にも対応できる仕組みも整備する（民213の2）➡ライフラインの引き込みを円滑化し、土地の利用を促進する。<br>▶所有者が判明しても、土地や建物が管理されないことによって荒廃し、危険な状態になることがある。<br>○管理不全土地・建物の管理制度を創設（第8章（133頁））➡所有者が土地・建物の管理に無関心なため放置していることで他人の権利が侵害されるおそれがある場合に、裁判所による管理人の選任を可能にする制度を創設する。➡管理不全化した土地・建物の適切な管理が可能になる。 |
| | (2-3)「その他の関係者」による利用・管理の方策 | ⑦財産管理制度の見直し（民264の2、264の9）<br>▶現行の不在者財産管理人・相続財産管理人は、人単位で財産全般を管理する必要があり、非効率になりがちである。<br>○所有者不明土地・管理制度を創設（第7章（122頁））。➡個々の土地・建物の管理に特化した新たな財産管理制度を創設する。※裁判所が管理命令を発令し、管理人を選任（裁判所の許可があれば売却も可）➡所有者不明土地・建物の管理を効率化・合理化する。<br>○相続財産等の管理➡第9章（民897の2、同918（141頁）） |

# 第2章　登記制度の改正

**Q1**　登記制度の改正内容の全体像を図示して下さい。

**A1**

## 所有者不明土地の発生を予防する方策（1）

| 不動産登記法の改正 | |
| --- | --- |
| 相続に関する不動産登記情報の更新を図る方策 | 【背景】登記名義人と実際の所有者とが異なることがあるが、そうすると、①登記名義人の相続人がわからないため、所有者の探索に時間と費用が掛かり用地買収等が妨げられる。②登記名義の死亡がわかるだけでも、事業用地を円滑に選定し得るとの指摘がある。 |

### ①相続登記の申請を義務化

○不動産を取得した相続人に対し、その取得を知った日から3年以内に相続登記の申請をすることを義務付ける（過料の制裁）。不76の2、164①→Q3
○相続登記の申請義務の実効性を確保するよう、下記のような環境整備策をパッケージで導入する。

### ②登記と戸籍等のシステムの連携

○登記官が他の公的機関（住基ネットなど）から死亡等の情報を取得し、職権でその旨を登記に表示する（符号◆で表示）。
➡登記で死亡の有無の確認が可能になる。→Q9

| 登記の手続的負担（資料収集等）軽減 不76の3 | 登記手続の費用負担を軽減 | 登記漏れの防止 不119の2 | 地方公共団体と連携 |
| --- | --- | --- | --- |
| 相続人申告登記（仮称）の新設<br>・相続人が、登記名義人の法定相続人である旨を登記所に申し出る。<br>（単独で申告可・添付書面も簡略化）➡相続登記の申請義務を簡易に履行することが可能になる。<br>＊登記官がその者の氏名及び住所等を職権で登記する（持分は登記されない報告的登記） | 登録免許税の負担軽減策＊の導入などを要望予定<br>＊住所変更や死亡の符号の付記等の登記官が職権的に行う登記等の免税を含む。<br>（参考）<br>R3年度与党税制改正大綱「不動産登記法の見直しの成案を踏まえ、令和4年度税制改正において必要な措置を検討する。」 | 所有不動産記録証明制度（仮称）の新設<br>・特定の者が名義人となっている不動産の一覧を証明書として発行➡相続登記が必要な不動産の把握が容易になる。<br>＊自己所有不動産の一般的確認方法としても利用可能→Q15（4） | 死亡届の提出者に対する相続登記の必要性に関する周知・啓発要請など<br>＊相続発生時に必要な手続のチェックリストに相続登記の申請を追加 |

## 所有者不明土地の発生を予防する方策（2）

| 不動産登記法の改正 | |
| --- | --- |
| **住所変更未登記への対応** | |
| 【現状】<br>▶現在は、住所変更登記は義務ではない。<br>▶自然人・法人を問わず、転居・本店移転等のたびに登記するのは負担を感じ、放置されがちである。<br>＊都市部では所有者不明土地の主な原因との調査結果あり。 | ○住所等の変更登記の申請を義務付ける（2年以内・過料の制裁を伴う。）→Q10、11<br>○他の公的機関から取得した情報に基づき、登記官が職権的に変更登記をする新たな方策も導入する。<br>➡転居等に伴う住所等の変更が簡易な手続で登記に反映される。→Q10、11、12 |
| **新たな方策の仕組み** | |
| 【自然人の場合】➡現時点では条文なし<br>①登記申請の際には、氏名・住所のほか、生年月日等の「検索用情報」の申出を行う。この検索情報は登記記録上に公表されず、登記所内において保有するデータとして扱われる。<br>②法人・商業登記システムから不動産登記システムに対し、名称や住所を変更した法人の情報が通知される。<br>③取得した情報に基づき、登記官が変更の登記をする。 | |
| **外国に居住する者への対応** | |
| 【現状】<br>▶外国居住者については、個人の特定が困難になるケースが少なくない。<br>▶外国に居住する外国人については、その本人確認書類としてどのような書面が必要であるか、その正確性がどの程度のものであるかが、明確でないとの指摘がある。 | ○所有権の登記名義人となっている外国人居住者につき、国内の連絡先を登記に記載➡連絡先把握が容易になる。<br>○添付書類として、少なくとも、外国政府等が発行した身分証明書が添付された公証人等作成の宣誓供述書の提出を求める（この点は実務運用で対応）<br>➡実在確認が容易になる。→Q15（2） |

 **相続登記等の見直しについてまとめて下さい。**

## 1. 相続登記等の見直しのポイント

　相続登記等の見直しには、第1に「所有権の登記名義人に係る相続の発生を不動産登記に反映させるための仕組み」と第2に「所有権の登記名義人の氏名又は名称及び住所の情報の更新を図るための仕組み」があります。以下を整理すると次のようになります。

**第1の「所有権の登記名義人に係る相続の発生を不動産登記に反映させるための仕組み」**

（1）相続登記等の申請の義務付け（→Q3）及び登記手続の簡略化（不動産登記法63条3項等→Q6）相続登記等の申請義務ある者が正当な理由がないのにその申請を怠ったときは、10万円以下の過料に処する（同法164条1項）→Q9➡令和6年4月1日から施行。➡義務はむろん各筆ごとに課せられるので、過料の制裁も各筆ごとに課せられることに注意を要する。氏名又は名称及び住所についても同様である。

（2）権利能力を有しないこととなったと認めるべき所有権の登記名義人についての符号の表示（同法76条の4）➡例えば「◆」などを登記記録の所定の場所に付することが検討されています。→Q11➡公布の日から5年以内に施行。

**第2の「所有権の登記名義人の氏名又は名称及び住所の情報の更新を図るための仕組み」**

（1）氏名又は名称及び住所の変更の登記の申請の義務付け➡公布の日から5年以内に施行

　①所有権の登記名義人の氏名若しくは名称又は住所について変更があったときは、当該所有権の登記名義人は、その変更があった日から2年以内に、氏名若しくは名称又は住所についての変更の登記を申請しなければならない（同法76条の5）。

　②前記①の規定による申請をすべき義務がある者が正当な理由がないのにその申請を怠ったときは、5万円以下の過料に処する（同法164条2項）。

（2）登記所が氏名又は名称及び住所の変更情報を不動産登記に反映させるための仕組み➡公布の日から5年以内に施行。

　登記官が住民基本台帳ネットワークシステム又は商業・法人登記のシステムから所有権の登記名義人の氏名及び住所についての変更の情報を取得し、これを不動産登記に反映させるため、登記官は、所有権の登記名義人の氏名若しくは名称又は住所について変更があったと認めるべき場合として法務省令で定める場合には、法務省令で定めるところにより、職権で、氏名若しくは名称又は住所についての変更の登記をすることができる。ただし、当該所有権の登記名義人が自然人であるときは、その申出があるときに限る（同法76条の6）。➡職権で氏名若しくは名称又は住所についての変更の登記がされた場合には、必要な登記がされたことになるため、所有権の登記名義人において登記申請義務の履行懈怠の状態はなくなり、過料が科されることもありません。

法人についても同様ですが、自然人の場合とは異なり「申出」を要件としておりませんので、基本的に、登記官が事前に確認を経ずに職権で変更登記がなされていきます。

## 2. 相続登記等の見直しだけで問題は解決するのか

　以上の相続登記等の見直しは重要な論点ですが、それが実現した場合でも、それだけで問題の全てが解決するわけではありません。特に、所有者不明土地の中でも、解決が困難だとされている相続登記の未了等により、既に共有者が多数となった土地（法務省では「メガ共有地」等と呼んでいるようです）について、相続登記を義務化しただけでは、十分な解決策にならない可能性もあります。それらについては、その他の方策でカバーするしかありませんが、相続登記等の見直しが最初の一歩であることは間違いありません。

 **所有権の登記名義人が死亡した場合における登記の申請の義務付けについて教えて下さい。**

**A3**

　不動産の所有権の登記名義人が死亡し、相続等による所有権の移転が生じた場合における公法上の登記申請義務について、次のような規定が置かれました（改正不動産登記法76条の2）。なお、この登記申請義務を軽減する制度として、新たに創設された相続人申告登記（仮称）（改正不動産登記法76条の3）があります。
→Q6➡令和6年4月1日から施行。

　①不動産の所有権の登記名義人について相続の開始があったときは、その相続*6により不動産の所有権を取得した者は、自己のために相続の開始があったことを知り、かつ、その所有権を取得したことを知った日から3年以内に、所有権の移転の登記を申請しなければならない*7。遺贈（相続人に対する遺贈に限る。）により所有権を取得した者も、同様とする（同条1項）*8。

　②前記①前段の相続開始による登記（民法第900条及び第901条の規定により算

---

*6　ここでいう「相続・・・によ」る所有権の取得には、特定財産承継遺言による取得も含まれる。
*7　遺産の分割がされた場合には、当該遺産の分割の結果を踏まえた相続登記の申請をすることで申請義務が履行されたこととなる。また、遺産の分割がされる前であっても、法定相続分での相続登記（民法第900条（法定相続分）及び第901条（代襲相続人の相続分）の規定により算定した相続分に応じてする相続による所有権の移転の登記をいう。以下同じ。）の申請をした場合にも、相続による所有権の移転の登記の申請義務が履行されたこととなる。さらに、後記A6の相続人申告登記（仮称）の申出をした場合にも上記1、の申請義務を履行したものとみなすものとする（後記A6（2）参照）。

定した法定相続分に応じてされたものに限る。後記A6（4）において同じ。）がされた後に遺産の分割があったときは、その遺産の分割によって相続分を超えて所有権を取得した者は、その遺産の分割の日から3年以内に、所有権の移転の登記を申請しなければならない\*9。

③前記①及び②の規定は、代位者その他の者の申請又は嘱託により、各規定による登記がされた場合には、適用しない（同条3項）。

 **相続登記等の申請義務違反の効果について説明して下さい。**

相続登記等の登記申請義務違反の効果としては、前記A3又は後記A6（4）の規定による相続登記等の申請をすべき義務がある者が正当な理由がないのにその申請を怠ったときは、10万円以下の過料に処せられます（令和6年4月1日から施行）。この過料については、裁判所に対する過料事件の通知の手続等に関して法務省令等に所要の規定を設けるものとされています。この法務省令等と非訟事件手続法の関係については次のように説明がされています。

現在の実務においても、非訟事件手続法に基づく裁判所における過料事件の手続の前提として、過料に処せられるべき者があることを職務上知った関係公務員が、法令や通達等に基づき、裁判所に対し、過料事件を通知するといった運用がされています（省令で規定されている例として商業登記規則第118条や不動産登記規則第187条があります）。

そこで、今回の不動産登記法改正では、このような例を参考に、裁判所に対する過料事件の通知の手続等に関して法務省令等に所要の規定を設けることが予定されています。

通知後の運用は裁判所においてしかるべく行われるという整理がされているとのことです。

---

\*8 相続人に対する遺贈による所有権の移転の登記について、登記権利者（受遺者である相続人）が単独で申請することができる旨の規定を設けることについて、A7参照。➡地上権、賃借権等所有権以外の権利の移転の登記については対象外である。これは所有者不明土地の解消の観点からは所有権移転登記に限定すればよいとの考え方による（部会資料53・9頁）。

\*9 後記A6の相続人申告登記（仮称）の申出をした者が、その後の遺産の分割によって所有権を取得したときは、その遺産の分割の日から3年以内に、所有権の移転の登記を申請しなければならない（後記A6（4）参照）。

改正不動産登記法では過料（かりょう）の制裁という言葉が出てきます（不動産登記法164条）。それでは過料とはどういう制裁なんなのでしょう。前科はつくのでしょうか。刑法では同音発音の「科料（かりょう）」という用語が使われていますが、違うものなのでしょうか等、気になる制度ですね。そこで、以下にそのあらましを解説しておきたいと思います。

従前の旧不動産登記法164条①では次の登記を正当な事由がないのに1ヶ月以内に行わない場合には10万円以下の過料に処すとありました。

- 建物の新築時に行う『建物表題登記』（47条）、合併登記（49条②）
- 建物表題部変更登記（51①〜④）
- 建物を取り壊した際に行う『滅失登記』（57条）
- 区分所有用建物共用部分変更登記（58条⑥⑦、）
- 埋め立てなどにより土地が新たに生じた場合に行う『土地表題登記』（36条）
- 土地の地目が変更した際に行う『地目変更登記』（37条）
- 土地の地積が変更した際に行う『地積更正登記』（37条）
- 土地の滅失登記（42条）

今回の不動産登記法の改正では、それに追加して相続登記申請義務（不動産登記法76条の2①②）、相続人申告登記（76条の3④）、氏名、住所変更登記申請義務（同76条の6）を懈怠した場合も過料の制裁が追加されました（改正不動産登記法164条①②）。

過料（かりょう）とは、日本における金銭を徴収する制裁の一つです。金銭罰ですが、罰金や科料と異なり、刑罰ではありませんから前科にはなりません。特に刑罰である科料と同じく「かりょう」と同音発音するので、同音異義語で混同しないようにするため、過料を「あやまちりょう」、科料を「とがりょう」と呼んで区別することがあります。

従来は上記の不動産登記法に違反しても過料の制裁が課せられた前例はなかったといわれ、登録免許税の節約や固定資産税の課税回避のため、あえて建物登記をしなかった例も多かったようです。今回の改正をきっかけとして制裁が行われるようになるかもしれませんが、国会における法務省の説明では、「正当な理由がないという認定をする場合には、個々の事案に応じて登記官の方から登記を申請しないことについて個別具体的に事情を聞き、催告をし、それでも登記を申請しないということについて正当な理由があるとは認められない場合について過料を科すといった運用を想定しております。」とあります（参議院令和3年4月13日、URL・192）。したがって、申請が義務付けられている期間を徒過して登記申請しただけでは、過料の制裁はないようです。

　いずれにしても、国会の付帯決議では、「相続登記等の申請の義務違反の場合において、法務局における「正当な理由」の判断や裁判所に対する過料事件の通知の手続等過料の制裁の運用に当たっては、透明性及び公平性の確保に努めるとともに、DV被害者の状況や経済的な困窮の状況等実質的に相続登記等の申請が困難な者の事情等を踏まえた柔軟な対応を行うこと。」と記されています。

 **Q5**　裁判所から届く過料決定通知について説明して下さい。

**A5**

　この過料について、いつ、誰から誰に対して通知があるかご存知でしょうか？
　過料の手続きについては非訟事件手続法119条以下に規定がありますが、過料決定通知は裁判所から届きます。定められた期間を過ぎて行った登記を法務局に申請すると、懈怠の事実を発見した法務局から、裁判所に対して義務違反の事実が通知され、審理が開始されます[10]。裁判所は登記事項証明書等の資料に基づき、違反事実を認定し、過料金額を決定します。

　過料決定謄本を受け取った日から、1週間以内に異議の申立がなければ、過料決定が確定し、地方検察庁から、違反者（法人の場合は、法人ではなく法人代表者個人）あてに納入告知書が送付されます。納入告知書が手元に届いたら、違反者が検察庁に対し過料金を納付します。

> 令和○年(ホ)第　　　号不動産登記法違反
>
> 　　　　　　　　　過料決定
>
> 当事者
> 住所
>
> 　　　　　　　　　主　文
> 　当事者を過料10万円に処する。
> 　本件手続き費用は、当事者の負担とする。
>
> 　　　　　　　　　理　由
> 　当事者は、自己のために相続開始があったことを知り、かつ、別紙目録記載の不動産の所有権を取得したことを知ったのに、令和○年○月○日までに相続登記申請手続を怠った。
>
> 　　　　　　　　　適　条
> 　不動産登記法第164条1項、非訟事件手続法第120条、122条
>
> 令和○年○月○日
> ○○地方裁判所　裁判官　甲野太郎
>
> 　上記は謄本である。
> 同庁　裁判所書記官　乙川次郎

---

[10] コラム（28頁）にあるように、国会答弁等では定められた期間を徒過しただけで、過料の制裁に処せられることはなさそうです。

## 【非訟事件手続法】

第5編　過料事件

　（管轄裁判所）

第119条　過料事件（過料についての裁判の手続に係る非訟事件をいう。）は、他の法令に特別の定めがある場合を除き、当事者（過料の裁判がされた場合において、その裁判を受ける者をいう。以下この編において同じ。）の普通裁判籍の所在地を管轄する地方裁判所の管轄に属する。

　（過料についての裁判等）

第120条　過料についての裁判には、理由を付さなければならない。

2　裁判所は、過料についての裁判をするに当たっては、あらかじめ、検察官の意見を聴くとともに、当事者の陳述を聴かなければならない。

3　過料についての裁判に対しては、当事者及び検察官に限り、即時抗告をすることができる。この場合において、当該即時抗告が過料の裁判に対するものであるときは、執行停止の効力を有する。

4　過料についての裁判の手続（その抗告審における手続を含む。次項において同じ。）に要する手続費用は、過料の裁判をした場合にあっては当該裁判を受けた者の負担とし、その他の場合にあっては国庫の負担とする。

5　過料の裁判に対して当事者から第三項の即時抗告があった場合において、抗告裁判所が当該即時抗告を理由があると認めて原裁判を取り消してさらに過料についての裁判をしたときは、前項の規定にかかわらず、過料についての裁判の手続に要する手続費用は、国庫の負担とする。

　（過料の裁判の執行）

第121条　過料の裁判は、検察官の命令で執行する。この命令は、執行力のある債務名義と同一の効力を有する。

2　過料の裁判の執行は、民事執行法（昭和五十四年法律第四号）その他強制執行の手続に関する法令の規定に従ってする。ただし、執行をする前に裁判の送達をすることを要しない。

3　刑事訴訟法（昭和二十三年法律第百三十一号）第五百七条の規定は、過料の裁判の執行について準用する。

4　過料の裁判の執行があった後に当該裁判（以下この項において「原裁判」という。）に対して前条第三項の即時抗告があった場合において、抗告裁判所が当該即時抗告を理由があると認めて原裁判を取り消してさらに過料の裁判をしたときは、その金額の限度において当該過料の裁判の執行があったも

のとみなす。この場合において、原裁判の執行によって得た金額が当該過料の金額を超えるときは、その超過額は、これを還付しなければならない。

　（略式手続）

第122条　裁判所は、第百二十条第二項の規定にかかわらず、相当と認めるときは、当事者の陳述を聴かないで過料についての裁判をすることができる。

2　前項の裁判に対しては、当事者及び検察官は、当該裁判の告知を受けた日から一週間の不変期間内に、当該裁判をした裁判所に異議の申立てをすることができる。この場合において、当該異議の申立てが過料の裁判に対するものであるときは、執行停止の効力を有する。

3　前項の異議の申立ては、次項の裁判があるまで、取り下げることができる。この場合において、当該異議の申立ては、遡ってその効力を失う。

4　適法な異議の申立てがあったときは、裁判所は、当事者の陳述を聴いて、さらに過料についての裁判をしなければならない。

5　前項の規定によってすべき裁判が第一項の裁判と符合するときは、裁判所は、同項の裁判を認可しなければならない。ただし、同項の裁判の手続が法律に違反したものであるときは、この限りでない。

6　前項の規定により第1項の裁判を認可する場合を除き、第四項の規定によってすべき裁判においては、第1項の裁判を取り消さなければならない。

7　第120条第5項の規定は、第一項の規定による過料の裁判に対して当事者から第二項の異議の申立てがあった場合において、前項の規定により当該裁判を取り消して第四項の規定によりさらに過料についての裁判をしたときについて準用する。

8　前条第4項の規定は、第1項の規定による過料の裁判の執行があった後に当該裁判に対して第2項の異議の申立てがあった場合において、第6項の規定により当該裁判を取り消して第4項の規定によりさらに過料の裁判をしたときについて準用する。

**Q6　新たに創設された相続人申告登記（仮称）について説明して下さい。**

**A6**

　死亡した所有権の登記名義人の相続人による申出を受けて登記官がする登記として、相続人申告登記（仮称）が創設されましたが、その内容は次のとおりです（改

正不動産登記法76条の3）➡令和6年4月1日から施行。

　これは、相続を原因とする所有権の移転の登記ではなく、A3①の各事実についての報告的な登記[*11]として位置付けられるものです[*12]。

(1)　A3①により所有権の移転の登記を申請する義務を負う者は、法務省令で定めるところにより、登記官に対し、所有権の登記名義人について相続が開始した旨及び自らが当該所有権の登記名義人の相続人である旨を申し出ることができます[*13][*14]（同条1項）。

(2)　A3①に規定する期間内に（1）の規定による申出をした者は、A3①に規定する所有権の取得（当該申出の前にされた遺産の分割によるものを除く。）に係る所有権の移転の登記を申請する義務を履行したものとみなされます（同条2項）。

(3)　登記官は、（1）の規定による申出があったときは、職権で、その旨並びに当該申出をした者の氏名及び住所その他法務省令で定める事項を所有権の登記に付記[*15]することができます（同条3項）。

(4)　(1)の規定による申出をした者は、その後の遺産の分割によって所有権を取得したとき（A3①前段の規定による登記がされた後に当該遺産の分割によって所有権を取得したときを除く。➡法定相続分単独登記後の遺産分割協議成立のケースに関しては不動産登記法76条の2②に別規定があるため）は、当該遺産の分割の日から3年以内に、所有権の移転の登記を申請しなければなりません（同条4項）。

(5)　(4)の規定は、代位者その他の者の申請又は嘱託により、同（4）の規定による登記がされた場合は、適用しません（同条5項）。

---

[*11] 講学上の予備的登記と位置付けられ譲渡や差押えの際は改めて法定相続登記を経る必要がある（中間試案補足説明180頁）。また、この制度において相続人が行うのは「申請」ではなく、「申出」となり、それに基づいて登記官が職権による登記をすることになる。

[*12] 報告的登記なので法定単純承認にはあたらないとされている（中間試案補足説明175頁参照）。

[*13] 相続人申告登記をした者には相続登記ではないので登記識別情報は通知されない（参議院令和3年4月13日政府委員答弁068）

[*14] この場合においては、申出人は当該登記名義人の法定相続人であることを証する情報（その有する持分の割合を証する情報を含まない。）を提供しなければならないものとする。具体的には、単に申出人が法定相続人の一人であることがわかる限度での戸籍謄抄本を提供すれば足りる（例えば、配偶者については現在の戸籍謄抄本のみで足り、子については被相続人である親の氏名が記載されている子の現在の戸籍謄抄本のみで足りることを想定しています。）。

[*15] 公示方法は付記登記によることになる。具体的には、申出をした者ごとに「付記何号」という形で付記登記をし、その者に関する事情変更等（その者の氏名や住所に変更があった場合のほか、その者が死亡したことに伴い、その相続人にさらに相続人申告登記の申出があった場合、など）については当該付記登記にさらに「付記何号の付記何号」という形で付記登記することが想定されている（部会資料53・7頁）。

第2章

## コラム　不動産の相続登記義務は何時の相続から課せられるのか

　まず、相続登記が義務化になりましたが（不動産登記法76条の2）、3年以内に相続登記の申請ができない場合はどうしたら良いかです。

　この場合、すぐに遺産分割ができないため具体的な相続登記ができない場合には、相続人は登記官に対して、A不動産の所有権の登記名義人（被相続人）につき相続が開始したこと及び自らがその被相続人の戸籍上の相続人甲であることを申出ること（相続人申告登記（仮称）という。）により、その申出をした相続人甲については相続登記の申請の義務が免除されます（不動産登記法76条の3）。申出をしなかった他の相続人の氏名等は登記されませんから、その者については相続登記の申請義務は免除されません。

　この申し出をする際には、申出人が法定相続人の一人であることがわかる限度での戸籍謄本または抄本を提供すれば足りることになっています。例えば、配偶者については現在の戸籍謄本のみで足り、子については被相続人の親の氏名が記載されている子の現在の戸籍抄本で足りることになります。

　そして、この申出を受けた登記官は、職権で、相続の開始があった旨及び申出をした者の氏名及び住所その他法務省令で定める事項を所有権の登記に付記することになります（同条3項）。

　しかし、甲はその後は何らの登記申請を行なわなくてもよいというわけではありません。甲が後に遺産分割協議を行い、この不動産の所有権を取得したときは、この遺産分割の日からやはり3年以内に所有権の移転登記申請をしなければなりません（同条4項）。

　相続人申告登記は、相続を原因とする所有権の移転登記ではなく、あくまでも事実の報告的登記です。相続の開始と相続人の一人が登記され相続開始の事実や相続人情報のとっかかりが公示されることで、所有者不明の不動産の発生を防ぐのがこの法改正の目的なのです。

　また、もう一つ注意が必要なことは、この法改正が施行される時点で既に不動産の所有権の登記名義人に相続が発生しており、相続登記が未了となっている不動産についても、早ければ令和6年4月1日の施行日から3年経過する日までに相続登記の申請義務が課せられるということです（附則5条6）[16]。相続をしたけれど必要性がなかったので登記をしていないという人は、全国でかなり多くいるのではないかと思います。

---

[16] 63頁に関係図があるので参照されたい。

この場合でも、上記の相続人申告登記をすることで、相続登記の申請義務が免除されるということです。何代にもわたって相続登記が未了となっている状態で、仮に相続登記までしろということになると、相続人が相当多数になっていることもあって、早期の遺産分割は不可能に近いこともあり、本制度で救済するということなのです。今後登記記録には多くの付記登記が記載されることになるでしょう。

 **相続人に対する遺贈による所有権移転登記の簡略化について説明して下さい。**

　相続人に対する遺贈による所有権の移転の登記手続を簡略化するため、共同申請主義（不動産登記法第60条）の例外として、遺贈（相続人に対する遺贈に限る。）による所有権の移転の登記は、不動産登記法第60条の規定にかかわらず、登記権利者が単独で申請することができることになりました（不動産登記法63条3項）。
➡令和6年4月1日から施行

---

　（共同申請）
第60条　権利に関する登記の申請は、法令に別段の定めがある場合を除き、登記権利者及び登記義務者が共同してしなければならない。
　（判決による登記等）
第63条　（略）
2　（略）
3　遺贈（相続人に対する遺贈に限る。）による所有権の移転の登記は、第60条の規定にかかわらず、登記権利者が単独で申請することができる。

---

 **法定相続分での相続登記がされた場合における登記手続の簡略化について説明して下さい。**

　不動産登記法63条2項は「相続又は法人の合併による権利の移転の登記は、登記権利者が単独で申請することができる。」と規定しており、遺言書がなく、遺産分割協議もしない場合に各相続人はそれぞれの法定相続分での相続登記をすることができますが、法定相続分での相続登記がされた場合における登記手続を簡

略化するため、法定相続分での相続登記がされている場合において、<u>次に掲げる登記をするときは、更正の登記によることができるものとした上で、更正登記申請を登記権利者が単独で申請することができるものとし、これを不動産登記実務の運用により対応するものとされました。</u>➡したがって改正条文はありませんが、今後は、基本的には通達を発出し、これによって規律することを想定しているようです。

　①遺産の分割の協議又は審判若しくは調停による所有権の取得に関する登記
　②他の相続人の相続の放棄による所有権の取得に関する登記
　③特定財産承継遺言による所有権の取得に関する登記
　④相続人が受遺者である遺贈による所有権の取得に関する登記

---

**コラム** / **かつては相続人が単独で法定相続分登記をするのは遺産分割の妨害行為が疑われていた**

　旧不動産登記法の時代でも相続人であれば、保存行為として相続を原因として法定相続分の登記を単独申請することができました(不動産登記法63条2項)。この場合は、相続人間で遺産分割の話合いがつかないか、あるいは遺言書はあるけれどもその内容に相続人の一部が不満を持ち、遺言による登記がなされる前に、法定相続分の登記を単独申請でしてしまうことが多いので、このような登記を見た場合には、深刻な相続紛争を疑えと言われたものです。場合によっては、登記した法定相続分をいわゆる共有持分を専門に扱う事件屋さんに売却してしまうケースもあるのです。

　例えば、甲土地の所有権の登記名義人であるAが死亡し、その法定相続人として子B及びCがいる事例において、B及びCの法定相続分での相続登記をする場合には、被相続人A並びに相続人B及びCの戸籍謄本等、B及びCの住民票の写しを添付書面として申請することとなりますが、その申請は、共同相続人全員（B及びC）ですることができるほか、共同相続財産の保存行為（民法第252条ただし書）として共同相続人の一人（B又はC）でもすることもできるのです（不動産登記法第63条第2項）。

　ところで、B及びCの法定相続分での相続登記がされた後に、Bが甲土地を単独で所有する旨の遺産分割協議がB及びCの間で行われた場合には、一度は法定相続分による相続がされた後に遺産分割が行われたという物権変動の態様・過程をそのまま登記に反映させるとの理解から、持分喪失者（登記義務者）であるCから持分取得者（登記権利者）であるBへの持分の全部移転の登記がされることになります（昭和28年8月10日付け民事甲第1392号民事局長電報回答）。

この場合には、一般の所有権の移転の登記手続と同様に、共同申請によることとなり（不動産登記法第60条）、B及びCが共同で、登記原因証明情報として遺産分割協議書、登記義務者であるCの登記識別情報（不動産登記法第22条）及び印鑑証明書（作成後3か月以内のもの。不動産登記令第16条第2項及び第3項）並びに登記権利者であるBの住民票の写し等を添付書面として申請を行うこととなり、多くの手間と費用がかかったのです（部会資料8、7頁）。甲土地を単独でBに相続させるという遺言書の内容を、Cの単独の法定相続分登記によって侵害された相続人Bが単独の所有権移転登記に単独で回復する場合には、所有権に基づく妨害排除請求権に基づき、訴えによって法定相続分登記を抹消請求するともにBに対する所有権移転登記に更正登記を行う必要がありました。

しかし今回の改正では、A8①〜④の登記をする場合には更正登記を登記権利者の単独で申請できるものとされ、これを不動産実務の運用により対応できることになったのです。不動産実務の運用で行うことから条文の根拠はありません。<u>今後は、基本的には通達を発出し、これによって規律することを想定しているようです。</u>

## Q9 権利能力を有しないこととなったと認めるべき*17所有権の登記名義人についての符号の表示について説明して下さい。

### A9

死亡情報を取得した登記所が、相続の発生を不動産登記に反映させるための方策として、住民基本台帳制度の趣旨等に留意しつつ、次のような制度が新設されました。➡公布の日から5年以内に施行。

登記官は、所有権の登記名義人（法務省令で定めるものに限る。）が権利能力を有しないこととなったと認めるべき場合として法務省令で定める場合には、法務省令で定めるところにより、職権で、<u>当該所有権の登記名義人についてその旨を示す符号を表示することができる</u>（改正不動産登記法76条の4）。➡不動産登記のシステム上で用いることのできる記号（例えば、「◆」など）を所定の場所に付することなどを検討しているようです。

---

*17 死亡、失踪宣告、認定死亡（戸籍法89条参照）、高齢者削除が想定される。高齢者削除とは戸籍上の整理をするための行政措置であり、これにより死亡の効果が直ちに生じるものではない。相続開始の効果が生じるためには失踪宣告が必要となる。以上を踏まえて、「権利能力を有しないこととなったと認められるべき場合として法務省令で定める場合」という文言が用いられています（部会資料38・9頁）。

**Q10　所有権の登記名義人の氏名又は名称及び住所の情報の更新を図るための仕組みについて説明して下さい。**

**A10**

　「氏名又は名称及び住所の変更の登記の申請の義務付け」（→Q11）と「登記所が氏名又は名称及び住所の変更情報を不動産登記に反映させるための仕組み」（→Q12）により、所有権の登記名義人の氏名又は名称及び住所の情報の更新を図ることになります。➡公布の日から5年以内に施行。

**Q11　氏名又は名称及び住所の変更の登記の申請の義務付けとはどのようなことですか。**

**A11**

　氏名又は名称及び住所の変更の登記の申請に関し、次のような規定が設けられました。

　①所有権の登記名義人の氏名若しくは名称又は住所について変更があったときは、その所有権の登記名義人は、その変更があった日から2年以内に、氏名若しくは名称又は住所についての変更の登記を申請しなければなりません（改正不動産登記法76条の5）。

　②①の規定による申請をすべき義務がある者が正当な理由がないのにその申請を怠ったときは、5万円以下の過料に処せられます（同法164条2項）。

　裁判所に対する過料事件の通知の手続等に関して法務省令等に所要の規定を設けるものとするとされています。

　なお、経過措置によると不動産登記法76条の5の施行日は令和3年4月28日の公布日から5年以内とされています（附則第1条三）。

　ちなみに、附則第5条7によると、現時点で既に登記記録に記載された氏名、住所等に変更がある場合には、遅くとも令和3年4月28日の公布日から5年以内に施行される改正不動産登記法76条の5の施行日から2年以内に名前等の変更登記をしなければなりません（附則5条7項）。それを怠ると5万円以下の過料に処せられます。

**Q12** 登記所が氏名又は名称及び住所の変更情報を不動産登記に反映させるための仕組みについて教えて下さい。

**A12**

　登記官が住民基本台帳ネットワークシステム又は商業・法人登記のシステムから所有権の登記名義人の氏名及び住所についての変更の情報を取得し、これを不動産登記に反映させるため、次のような規定が設けられました。

　「登記官は、所有権の登記名義人の氏名若しくは名称又は住所について変更があったと認めるべき場合として法務省令で定める場合には、法務省令で定めるところにより、職権で、氏名若しくは名称又は住所についての変更の登記をすることができる*18。

　ただし、当該所有権の登記名義人が自然人であるときは、その申出があるときに限る。」（改正不動産登記法76条の6）とあるので、登記官が自然人の住所等の変更情報を取得したとしても、直ちに登記上に公示されるものではありません。これは、最新の住所を公示することが適当でない者（DV被害者等）がいる点を踏まえたものです（部会資料38・45頁）。

**コラム** 　住所変更の職権登記

　相続登記は義務化（不76の2①）といっても、とりあえず法定相続人の一人が相続人であることを申告すれば義務を果たしたことになります（不76の3②）。

　一方、住所変更登記は単独申請手続でできるので、申告という簡易な制度は用意されていません。その代わり、我々生身の自然人の場合、あらかじめ法務局に申し出ておけば住民票の変更届出をするたびに、登記官が職権で住所等の変更をしてくれます（不76の6）。2年以内に変更登記することを忘れそうな人は、あらかじめ法務局に申し出ておけば住所等の変更をしてくれるということです。登記忘れによる5万円以下の過料の制裁も心配ありませんし、職権登記ですから登録免許税、登記変更のための費用もかかりません。土地建物を多く所有していたら、ぜひ利用したい制度だと思います。

　ただし、住民票の住所を変更するたびに自動的に住所が登記上に公開されていくこ

---

*18 具体的には、住基ネットから氏名等の変更情報を取得して登記の要否を判断することなどが想定しているとのことであるが、所有権の登記名義人が外国に居住するケース等においては、このような住基ネット通じた情報取得ができないことから、登記官が職権で所有権で所有権の登記名義人の氏名等の変更登記をすることができる具体的な場面については、省令で定めることとするのが相当であると考えられ、上記文言が採用された（部会資料53・13頁）。

とになり、住所というプライバシーを知られたくない人にとっては、少し抵抗があるかもしれませんね。その場合に、登記官は119条6項で申出により、「住所が明らかにされることにより人の生命または身体に危害を及ぼすおそれがあるものとして法務省令で定める場合には住所に代わるものとして法務省令で定めた事項を記載しなければならない。」という新制度を利用できれば良いのですが、そうはいかないようです。

法務省の見解では、単なる個人情報の保護やプライバシーだけでは、住所情報を公開しない理由としては弱いということなのです。また、不動産登記法第119条第6項の申出は、単なる自己申告では足りず、一定の資料の提供は必要ということです。いずれにしても、職権による住所等の変更の登記を希望しない場合には、不動産登記法第76条の6ただし書の「申出」がないことになり、職権による変更登記はされないことになります。したがって、この場合、2年の期間が経過すると、登記申請義務違反の状態が生ずることとなるということです。ただし、個別の事情によっては変更登記手続をしないことに「正当な理由」があるものとして過料の対象とはならないケースもありうるということです。

**Q13** 登記所が他の公的機関から所有権の登記名義人の死亡情報や氏名又は名称及び住所の変更情報を取得するための仕組みについて教えて下さい。

**A13**

相続の発生や氏名又は名称及び住所の変更を不動産登記に反映させるための方策を採る前提として、登記所が住民基本台帳ネットワークシステムから所有権の登記名義人の死亡情報や氏名又は名称及び住所の変更情報を取得するため、次のような仕組みが設けられます。➡不動産登記法第76の6ただし書から自然人の場合は同人の申出がなければ変更登記はできないと思われます。➡公布の日から5年以内に施行。

①自然人である所有権の登記名義人は、登記官に対し、自らが所有権の登記名義人として記録されている不動産について、<u>氏名及び住所の情報に加えて、生年月日等の情報（検索用情報）*19を提供するものとします。</u>この場合にお

---

*19 上記の新たな仕組みに係る規定の施行後においては、新たに所有権の登記名義人となる者は、<u>その登記申請の際に、検索用情報の提供を必ず行うものとします。</u>当該規定の施行前に既に所有権の登記名義人となっている者については、<u>その不動産の特定に必要な情報、自己が当該不動産の登記名義人であることを証する情報及び検索用情報の内容を証する情報とともに、検索用情報の提供を任意に行うことができるものとします。</u>

いて、検索用情報は登記記録上に公示せず、登記所内部において保有するデータとして扱われます。

②登記官は、<u>氏名、住所及び検索用情報を検索キーとして、住民基本台帳ネットワークシステムに定期的に照会を行うなどして自然人である登記名義人の死亡の事実や氏名又は名称及び住所の変更の事実を把握します。</u>

➡条文は見当たらないので、法務省に確認したところ、検索用情報の提供等に関する具体的な手続については、今後、法務省令（不動産登記規則）等に規定を設けることを予定しているとのことです。なお、住民基本台帳ネットワークシステムからの情報取得については、住民基本台帳法第30条の9及び別表第一の三十一の項を根拠とするものということです。

## Q14 登記義務者の所在が知れない場合等における登記手続の簡略化について説明して下さい。

### A14

旧法では、登記義務者の所在が知れない場合に、登記権利者が単独で登記の抹消を申請できる方法として、公示催告の申立てを行い、除権決定を得る方法が規定されていました（不登法70条1項）。しかし、公示催告の要件である「登記義務者の所在が知れない」の認定は、一般の公示送達の要件（民訴法110条）に準じて行われており、調査等に相当な手間を要し、また、公示催告の手続自体に一定の時間が必要なことから、この制度が十分に利用されているとはいえませんでした（中間試案補足説明205頁）。

改正法では

1. 公示催告及び除権決定の特例の創設
2. 買戻登記の抹消手続の簡略化

が行われました。➡令和6年4月1日から施行。

### 1. 公示催告及び除権決定の特例の創設

地上権、永小作権、質権、賃借権若しくは採石権に関する登記、買戻しの特約に関する登記、解散した法人の担保権に関する登記の抹消手続について一定の要件のもとに単独での登記抹消手続きが認められることになりました。その内容は以下のとおりです。なお、この規定による登記申請は改正法施行日以後になされるものに適用されます（附則第5条）[20]。

　不動産登記法第70条第1項及び第2項に規定する公示催告及び除権決定の手続による単独での登記の抹消手続の特例として、次のような規定が設けられました。

　不動産登記法第70条第1項の登記が地上権、永小作権、質権、賃借権若しくは採石権に関する登記又は買戻しの特約に関する登記であり、かつ、登記された存続期間又は買戻しの期間が満了している場合において、相当の調査が行われたと認められるものとして法務省令で定める方法により調査を行ってもなお共同して登記の抹消の申請をすべき者の所在が判明しないときは、その者の所在が知れないものとみなして、同項の規定を適用する。

　ここでいう相当な調査については、法務省令で具体的な内容が定められることが予想されますが、部会では、「相当な調査が行われたと認められるものとして法務省令で定める方法」については、登記記録上の住所における住民票の登録の有無やその住所を本籍地とする戸籍や戸籍の附票の有無、その住所に宛てた郵便物の到達の有無等を調査し、転居先が判明するのであればこれを追跡して調査すれば足りるものとし（試案の補足説明206頁参照）、このような調査を行っていれば、現実に現地を訪れての調査までしなくともよいとすることは合理性があるものと考えられるという見解が示されています。

## 2. 買戻しの特約に関する登記の抹消手続の簡略化として、次のような規定が設けられました（同法69条の2）。

　買戻しの特約に関する登記がされている場合において、契約の日から10年を経過したときは、不動産登記法第60条の規定にかかわらず、登記権利者は、単独で当該登記の抹消を申請することができます。

　なお、第15回会議では、売買契約の日から10年を経過した買戻しの特約に関する登記の抹消手続の簡略化について、登記義務者の所在不明を要件とすべきであるといった意見がありましたが、民法上、買戻しの特約については、売買契約と同時にしなければならず、買戻しの期間は10年を超えることができないとされています（民法第579条、第580条）。したがって、売買契約の日から10年を経過している買戻しの特約に関する登記については、登記された登記原因（売買契約の年月日）が誤っていたような例外的な場合を除いて、基本的には、その外形から、既に実存しない権利を公示する形骸化した登記であるか否かを判断することがで

---

*20 古い仮差押・仮処分の抹消手続については残された課題とされています。なお、この問題は登記の抹消手続のみの観点ではなく、保全命令の取消という裁判手続固有の観点からの論議が必要であるとされている。仮差押え登記は債務者も放置した場合には何十年経っても有効である。

きるものであるといえます。そのため、仮に、売買契約の日から10年を経過した買戻しの特約に関する登記の抹消手続において、登記義務者の所在不明を要件とすることとした場合には、少なくとも当該登記義務者の住民票や戸籍等に関する調査を行う必要が生ずることとなり、既に実存しない蓋然性が高い買戻しの特約に関する登記を抹消するための手続としては、過度の負担を課すこととなるように思われるので、登記義務者の所在不明を要件としないことになったのです（部会資料53・18頁）。

## 3. 解散した法人の担保権に関する登記の抹消手続の簡略化（同法70条の2）

　解散した法人の担保権に関する登記の抹消手続を簡略化する方策として、次のような規定が設けられました。

　登記権利者は、共同して登記の抹消の申請をすべき法人が解散し、上記1に規定する方法により調査を行ってもなおその法人の清算人の所在が判明しないためその法人と共同して先取特権、質権又は抵当権に関する登記の抹消を申請することができない場合において、被担保債権の弁済期から30年を経過し、かつ、当該法人の解散の日から30年を経過したときは、不動産登記法第60条の規定にかかわらず、単独でその登記の抹消を申請することができます。

**Q15** その他の見直し事項について説明して下さい。

**A15**

　その他の見直し事項として(1)登記名義人の特定に係る登記事項の見直し、(2)外国に住所を有する登記名義人の所在を把握するための方策、(3)附属書類の閲覧制度の見直し、(4)所有不動産記録証明制度（仮称）の創設、(5)被害者保護のための住所情報の公開の見直しが行われました。

(1) 登記名義人の特定に係る登記事項の見直し

　所有権の登記の登記事項に関し、次のような規定が設けられました（改正不動産登記法73条の2第1項）。➡令和6年4月1日から施行。

　所有権の登記名義人が法人であるときは、会社法人等番号（商業登記法（昭和38年法律第125号）第7条（他の法令において準用する場合を含む。）に規定する会社法人等番号をいう。）その他の特定の法人を識別するために必要な事項として法務省令で定めるものが登記事項とされました（同項一）。旧法では、名称及

び住所を同じくする複数の法人がそれぞれ識別できない形で公示されていたので、識別できない事態を防ぐ仕組みがなかったためです。

(2) 外国に住所を有する登記名義人の所在を把握するための方策→46頁コラム➡令和6年4月1日から施行。

　①国内における連絡先となる者の登記（同項二）

　　　　所有権の登記の登記事項に関し、次のような規定が設けられました。

　　　　所有権の登記名義人が国内に住所を有しないときは、その国内における連絡先となる者の氏名又は名称及び住所その他の国内における連絡先に関する事項として法務省令で定めるものが登記事項とされました(注1)(注2)。

　　　(注1) 連絡先として第三者の氏名又は名称及び住所を登記する場合には、当該第三者の承諾があること、また、その第三者は国内に住所を有するものであることが要件とされています。
　　　(注2) 連絡先となる者の氏名又は名称及び住所等の登記事項に変更があった場合には、所有権の登記名義人のほか、連絡先として第三者が登記されている場合にはその第三者が単独で変更の登記の申請をすることができるものとされました。

　②外国に住所を有する外国人についての住所証明情報の見直し➡条文見が当たらないので、法務省に確認をしたところ、今後、通達等により実務運用を見直すことを予定しているということです。

　　　　外国に住所を有する外国人（法人を含む。）が所有権の登記名義人となろうとする場合に必要となる住所証明情報については、旧法化では添付される資料の正確性に疑義があったので（中間試案補足説明214頁)[21]、改正法では正確性を期するため次のi又はiiのいずれかとされました。

　　i　外国政府等の発行した住所証明情報
　　ii　住所を証明する公証人の作成に係る書面（外国政府等の発行した本人確認書類の写しが添付されたものに限る。）

(3) 附属書類の閲覧制度の見直し（同条121条）

　登記簿の附属書類は、閲覧要件が実務上明確でなかったため、改正法では、本人請求の場合と第三者請求の場合にわけて、登記簿の附属書類（不動産登記法第121条第1項の図面を除く。）の閲覧制度に関し、閲覧の可否の基準を合理化する観点等から、次のような規律を設けるものとされました。

　①何人も、登記官に対し、手数料を納付して、自己を申請人とする登記記録に係る登記簿の附属書類（不動産登記法第121条第1項の図面を除く。）（電磁的記録にあっては、記録された情報の内容を法務省令で定める方法により表示

---

[21] 外国居住者や外国人が所有する土地については、判決を得ても登記ができないという事態が生じている。判決がある場合にも住所証明情報を要求する通達は早期に改定すべきであるとされている（荒井Q＆A269頁）。

したもの。後記ⅱにおいて同じ。）の閲覧を請求することができる。

②登記簿の附属書類（不動産登記法第121条第1項の図面及び前記①に規定する登記簿の附属書類を除く。）（電磁的記録にあっては、記録された情報の内容を法務省令で定める方法により表示したもの）の閲覧につき正当な理由[22]があると認められる者は、登記官に対し、法務省令で定めるところにより、手数料を納付して、その全部又は一部（その正当な理由があると認められる部分に限る。）の閲覧を請求することができる。（登記簿の附属書類の写しの交付等）

---

【参考条文】

（登記簿の附属書類の写しの交付等）

第121条

1　何人も、登記官に対し、手数料を納付して、登記簿の附属書類（電磁的記録を含む。以下同じ。）のうち政令で定める図面の全部又は一部の写し（これらの図面が電磁的記録に記録されているときは、当該記録された情報の内容を証明した書面）の交付を請求することができる。

2　何人も、登記官に対し、手数料を納付して、登記簿の附属書類（電磁的記録にあっては、記録された情報の内容を法務省令で定める方法により表示したもの）の閲覧を請求することができる。ただし、前項の図面以外のものについては、請求人が利害関係を有する部分に限る。

3　第119条第3項から第5項までの規定は、登記簿の附属書類について準用する。

---

(4) 所有不動産記録証明制度（仮称）の創設➡公布の日から5年以内に施行。

　不動産登記記録は不動産単位で編成されているため、旧法では、登記名義人ごとに所有不動産情報を抽出し、更改・証明する仕組みはありませんでした。改正法では、相続人による相続登記の申請を促進する観点も踏まえ、自然人及び法人を対象とする所有不動産記録証明制度（仮称）として、次のような規律を設けるものとされました。

---

[22] 「正当な理由」があるといえる具体例については、通達において定められることが予定されているが、以下が該当すると考えられている（中間試案補足説明216頁及び部会資料35・17頁）
　①隣地所有者が境界確認方法を確認するケース
　②他の相続人が相続登記関連資料を閲覧するケース
　③不動産購入希望者が所有権の来歴を確認するケース
　④訴訟資料として提出するケース

①何人も、登記官に対し、手数料を納付して、自らが所有権の登記名義人（これに準ずる者として法務省令で定めるものを含む。後記②において同じ。）として記録されている不動産に係る登記記録に記録されている事項のうち法務省令で定めるもの（記録がないときは、その旨）を証明した書面（以下「所有不動産記録証明書（仮称）」という。）の交付を請求することができる。

②所有権の登記名義人について相続その他の一般承継があったときは、相続人その他の一般承継人は、登記官に対し、手数料を納付して、その所有権の登記名義人の所有不動産記録証明書（仮称）の交付を請求することができる。

③①及び②の交付の請求は、法務大臣の指定する登記所の登記官に対し、法務省令で定めるところによりすることができる。

④不動産登記法第119条第3項及び第4項の規定は、所有不動産記録証明書（仮称）の手数料について準用する。

(注1) ただし、現在の登記記録に記録されている所有権の登記名義人の氏名又は名称及び住所は過去の一定時点のものであり、必ずしもその情報が更新されているものではないことなどから、請求された登記名義人の氏名又は名称及び住所等の情報に基づいてシステム検索を行った結果を証明する所有不動産記録証明制度（仮称）は、飽くまでこれらの情報に一致したものを一覧的に証明するものであり、不動産の網羅性等に関しては技術的な限界があることを前提としています。➡例えば、Aの最新の氏名及び住所で検索しても、Aの旧住所での登記が残存している不動産が残存する場合には、検索結果として抽出されない可能性があります。この場合、正確な検索ためにはAの旧住所を検索キーとした上で、検索を行う必要があります（中間試案補足説明193頁）。

(注2) ①及び②の規律は、代理人による交付請求も許容することを前提としています。

(5) 被害者保護のための住所情報の公開の見直し（同119条6項）➡令和6年4月1日から施行。

　不動産登記法第119条に基づく登記事項証明書の交付等に関し、次のような規定が設けられました。

　登記官は、不動産登記法第119条第1項及び第2項の規定にかかわらず、登記記録に記録されている者（自然人であるものに限る。）の住所が明らかにされることにより、人の生命若しくは身体に危害を及ぼすおそれがある場合又はこれに準ずる程度に心身に有害な影響を及ぼすおそれがあるものとして法務省令で定める場合*23において、その者からの申出があったときは、法務省令で定めるところにより、同条第1項及び第2項に規定する各書面に当該住所に代わるものとして法務

---

*23 例えば、以下が該当すると考えられる。
　ア　いわゆるDV防止法1条2項に規定する被害者
　イ　いわゆるストーカー規正法7条のストーカー行為等の相手方
　ウ　児童虐待防止法2条に規定する児童虐待を受けた児童
　エ　犯罪被害者のうち現住所を第三者に知られると加害者等から報復のおそれがある者

省令で定める事項を記載しなければなりません*24。➡単なる個人情報の保護やプライバシーでは、住所情報を公開しない理由としては弱いとされています。また、「住所が明らかにされることにより、人の生命若しくは身体に危害を及ぼすおそれがある場合又はこれに準ずる程度に心身に有害な影響を及ぼすおそれがある」という点については単なる自己申告では足りず一定の資料の提出を予定しているとのことです。

## コラム／ 所有権の登記名義人が国内に住所を有しないときの登記手続

　所有権の登記名義人が国内に住所を有しないときは、その国内における連絡先となる者の氏名又は名称及び住所その他の国内における連絡先に関する事項として法務省令に定めるものが登記事項とされました（不73条の2第1項二）。ちなみに、連絡先として第三者の氏名又は名称及び住所を登記する場合には、その第三者の承諾を得ること、また、その第三者は国内に住所を有することが要件とされています。

　連絡先は登記名義人ではないので住所変更した場合でも、2年以内に登記しなくても過料の制裁はありません（もっとも、制度趣旨に照らし、住所等の変更があった場合には、不動産登記ら反映してもらえるように働きかけていく必要はあるというのが法務省の見解です）。

　ところで、誰も連絡先になってくれなかった場合、登記申請はどうなるのでしょうか。

　これについて法務省に確認をしたところ、特に制度導入当初においては連絡先の受け皿がなかなか見つからないといった事態も想定されるため、「連絡先なし」とする登記も許容することを前提に、具体的な運用については法務省令で定めることとしているとのことです（部会資料53・21頁）。また、連絡先の受け皿としては、不動産業者や司法書士などがサービスを提供してくれるようになることを期待しているとのことですが、基本的には一定の資格要件などを設けることは想定していないとのことです（部会資料35・13頁）。

　なお、連絡先となる者の氏名又は名称及び住所等の登記事項に変更があった場合には、所有権の登記名義人のほか、連絡先として第三者が登記されている場合にはその第三者が単独で登記の申請ができることになっています（Q15の注1・注2）

---

*24 非公開の方法についても、最終的に法務省令で定めることになるが、例えば①登記名義人の親族・知人等の住所、②委任を受けた弁護士事務所や被害者支援団体等の住所のほか、③法務局の住所も選択可能なものとすることが検討されている（部会資料53・24頁）。

第2章

## コラム　「所有者不動産登記証明書」は国税庁も取得できるか

　興味深い新制度が「所有不動産記録証明書」です（不119の2）。相続登記の申請を促進するためということで、所有権の登記名義人とその相続人は、住所と氏名を指定すれば、その人が名義人になっている不動産の一覧を証明してもらえるのです。従来は市町村役場単位でしか一覧の請求はできませんでしたが、日本全国の不動産の一覧となると画期的なものです。ただし、現在の登記記録に記録されている所有権の登記名義人の氏名又は名称及び住所は過去の一定時点のものであり、必ずしもその情報が更新されているものではないことなどから、請求された登記名義人の氏名又は名称及び住所等の情報に基づいてシステム検索を行った結果を証明する所有不動産記録証明制度（仮称）は、飽くまでこれらの情報に一致したものを一覧的に証明するものであり、<u>不動産の網羅性等に関しては技術的な限界があることが前提であるとされていますが、それでも重要な資産情報であります。</u>なお、実現すれば、税務当局が利用できるかですが、不動産登記法第119条の2では、①自らが所有権の登記名義人として記録されている不動産に係る証明書の交付を請求することができるほか、②相続人その他の一般承継人が被承継人に係る証明書の交付を請求することができるとしているにとどまるため、税務当局がこの制度を利用して課税対象者に係る証明書の交付を請求するといったことは認められないと思います。もっとも，徴税機関は別途調査権限を有していますので，別枠での調査はあり得るでしょう。

## コラム　極めて難解な改正不動産登記法の経過措置規定

　今回の改正不動産登記法の経過措置規定は極めて難解で、わざと解読しにくいようにしているのではないかと思えるほどです。しかし、経過措置は極めて重要ですから条文の条規を補筆しながら以下に整理してみました。

### 第1　公布の日から施行される条文
①第2条[25]中不動産登記法131条5項➡筆界特定申請に同18条（登記の申請）を準用する
②附則34条➡改正不動産登記法の経過措置は政令で定める

---

[25] この第二条は附則の第二条ではなく、「民法等の一部を改正する法律」の第二条を指している。附則の条項の場合には、附則第○条と表記されている。

## 第2　公布の日から3年を超えない範囲内において施行される条文➡令和6年4月1日施行

①不動産登記法の目次の改正規定

②第16条第2項の改正規定とあるので、第76条の2、第76条の3、第76条の4、第76条の6である。*²⁶

③同74条の前に第73条の2➡所有権の登記の新たな登記事項である法人番号や登記申請人が国内に住所がないときに国内の連絡先の氏名・住所等を入れる規定

④同法第76条の次に五条を加える改正であるが第76条の2と、第76条の3に限るとあるので、

　ⅰ　第第76条の2➡相続等による所有権の移転の登記申請

　ⅱ　第76条の3➡相続人である旨の申出等

⑤同法第119条の改正規定とあるが同条て改正されたのは6項のみであるので、「所定の要件があるときは登記事項証明書に自然人の住所に代わるものを記載する改正」➡同記載の要件は、㋐自然人からの申出と㋑住所が明らかにされることにより、人の生命若しくは身体に危害を及ぼすおそれがある場合又はこれに準ずる程度に心身に有害な影響を及ぼすおそれがあるものとして法務省令で定める場合である。

⑥同法第164条の改正規定とあるが、同条に1項を加える部分を除くとあり、加えられるのは2項なので、施行されるのは164条1項の改正部分である。そして1項で改正されたのは、以下の登記申請を遅滞した場合の10万円以下の過料の制裁である。

　ⅰ　第58条6項➡共用部分を廃止した場合の登記

　ⅱ　第76条の2第1項若しくは第2項➡（相続等による所有権の移転の登記（法定相続・遺産分割）の申請）又は第76条の3第4項➡（相続人である旨の申出をした者がその後遺産分割によって所有権を取得したとの所有権移転登記申請）。

⑦附則第5条第4項から第6項

　ⅰ　附則第5条第4項➡73条の2（所有権の登記事項、法人番号・海外在住者の国内の連絡先等）は同条の施行日（第2号施行日という）以後の登記の申請がされる所有権の登記事項に適用される。➡第2号施行日は令和6年4月1日と決まった。

---

*²⁶ 第76条の2は、「会社番号」「外国人の国内連絡先」、第76条の3は、「相続人である旨の申出」、第76の4は「所有権の登記名義人についての符号「◆」の表示」、第76条の5は「所有権登記名義人の氏名等の変更の登記の申請義務化」、第76条の6は、「職権による氏名等の変更の登記」であるが、登記情報システムの回収が前提となる76条の4から第76条の6は公布の日から5年を超えない範囲内において施行されることになる（附則第1条三）。

ⅱ　附則第5条第5項➡第2号施行日において現に法人が所有権の登記名義人として記録されている不動産について、登記官は職権で73条の2第1項1号に規定する法人番号に関する変更の登記をすることができる。

ⅲ　附則第5条第6項➡「第2号施行日」前に相続開始があった場合でも76条の2の規定は適用し、同条の「知った日」とあるのは「知った日又は第2号施行日のいずれか遅い日」とする。→73頁参照

⑧附則6条➡第3号施行日の前日までは、不動産登記法16条2項の官庁又は公署の嘱託による登記手続に、同76条の4（所有権登記名義につての職権による符号の表示）、76条の5（所有権の登記名義人の氏名等の変更登記の申請）、76条の6（職権による氏名等の変更の登記）は準用しない。

⑨附則22条（住民基本台帳法の一部改正）➡法務省が住民基本台帳中の不動産登記法76条の3第3項（相続人の申出による付記登記）の登記、76条の4の被相続人が権利能力を失った場合の登記官による職権符号登記を追加

⑩附則23条（住民基本台帳法の一部改正に伴う経過措置）➡第3号施行日前は前条の76条の4の被相続人が権利能力を失った場合の登記官による職権符号登記は適用しない。

**第3　公布の日から5年を超えない範囲内において施行される条文**

①不動産登記法第25条第7号➡登記義務者の氏名又は住所が登記記録に合致しないときの職権による却下事由に改正不動産登記法76条の5（氏名等の変更があったときは2年以内に変更登記申請しなければならないとの規定）を追加する規定

②不動産登記法第76条の次に5条を加える改正規定➡第76条の4から第76条の6までに係る部分に限るとあるので、登記名義人が権利能力を有しなくなった場合の職権による所有権の登記符号の表示、氏名等の変更があった時は2年以内に変更登記の申請、職権による氏名等の変更登記に関する改正規定

③同法第119条の次に119条の2（所有不動産記録証明書の交付等）を加える改正規定

④同法第120条第3項の改正規定（地図等の交付に登記事項証明書の交付の規定の適用）

⑤同法第164条の改正規定➡同条に一項を加える部分に限るとあるので、氏名等の変更登記申請遅滞に5万円の過料の部分

⑥附則第5条7項の規定➡7項は以下のとおりである。

公布後5年以内に施行するという不動産登記法の改正規定（「第3号新不動産登記法」という）第76条の5も施行前日（「第3号施行日」という）前に、所有権の登記名義人

の名称又は住所に変更があった場合にも適用される。第76条の5は「その変更があった日」から2年以内に変更登記を申請しなければならないと規定しているが、上記の「あった日」とは「変更登記があった日又は第3号施行日のいずれか遅い日」とするとあるので、結局第3号施行日から2年以内ということになる。→37頁参照

## 第4　その他

1. 施行日以後にされる登記申請に適用するもの➡附則第5条

①第63条3項➡遺贈（相続人に対する遺贈に限る）による所有権の移転の登記は、第60条の規定にかかわらず、登記権利者が単独で申請することができる。

②第69条の2➡買戻しの特約に関する登記がされている場合において、契約の日から10年を経過したときは、第60条の規定にかかわらず、登記権利者は、単独で当該登記の抹消を申請することができる。

③第70条の2➡登記権利者は、共同して登記の抹消の申請をすべき法人が解散し、前条第2項に規定する方法により調査を行ってもなおその法人の清算人の所在が判明しないためその法人と共同して先取特権、質権又は抵当権に関する登記の抹消を申請することができない場合において、被担保債権の弁済期から30年を経過し、かつ、その法人の解散の日から30年を経過したときは、第60条の規定にかかわらず、単独で当該登記の抹消を申請することができる。

2. 施行日以後に申し立てられる公示催告の申立てに適用されるもの

第70条2項➡「前項の登記が地上権、永小作権、質権、賃借権若しくは採権に関する登記又は買戻しの特約に関する登記であり、かつ、登記された存続期間又は買戻しの期間が満了している場合において、相当の調査が行われたと認められるものとして法務省令で定める方法により調査を行ってもなお共同して登記の抹消の申請をすべき者の所在が判明しないときは、その者の所在が知れないものとみなして、同項の規定を適用する。

3. 新不動産登記法第121条第2項から第5項までの規定➡登記簿の附属書類の写しの交付等の改正規定は、施行日以後にされる登記簿の附属書類の閲覧請求について適用し、施行日前にされた登記簿の附属書類の閲覧請求については、なお従前の例による。

4. 新不動産登記法73条の2➡所有権の登記事項に㋐法人番号、㋑国内に住所がないときの国内の連絡先の氏名・住所等を入れる規定は第2号施行日以後に登記の申請がされる所有権の登記事項について適用する。

『実務本位　所有者不明土地関係
知らなきゃ危ない　改正民法　改正不動産登記法
相続土地国庫帰属法　Q＆A』

# 正誤表

次の頁の下線部分に誤りがございましたので、正しい表
記に置き換えてお読みください。


50 頁　下から 12 行目

　（誤）採権に　　　　　　　　（正）採<u>石</u>権に


60 頁　7 行目

　（誤）⑤①から<u>⑨</u>までに　（正）⑤①から<u>④</u>までに


73 頁　1 行目

　（誤）令和 10 年 <u>4 月 1 日</u>　（正）令和 10 年 <u>3 月 31 日</u>

73 頁　上の図の下の行

　（誤）令和 12 年 <u>4 月 1 日</u>　（正）令和 12 年 <u>3 月 31 日</u>

73 頁　2 番目の図の中

　（誤）令和 9 年 <u>4 月 1 日</u>　（正）令和 9 年 <u>3 月 31 日</u>

73 頁　2 番目の図の下の行

　（誤）令和 10 年 <u>4 月 1 日</u>　（正）令和 10 年 <u>3 月 31 日</u>

5.　登記官は、第2号施行日において現に法人が所有権の登記名義人として記録されている不動産について、法務省令で定めるところにより、職権で、第2号新不動産登記法第73条の2第1項第1号（法人番号）に規定する登記事項に関する変更の登記をすることができる。

6.　第2号新不動産登記法第76条の2の規定は、第2号施行日前に所有権の登記名義人について相続の開始があった場合についても、適用する。この場合において、同条第1項中「所有権の登記名義人」とあるのは「民法等の一部を改正する法律（令和3年法律第▼▼▼号）附則第1条第二号に掲げる規定の施行の日（以下この条において「第2号施行日」という。）前に所有権の登記名義人」と、「知った日」とあるのは「知った日又は第2号施行日のいずれか遅い日」と、同条第2項中「分割の日」とあるのは「分割の日又は第2号施行日のいずれか遅い日」とする。

7.　第2条の規定（附則第1条第3号に掲げる改正規定に限る。）による改正後の不動産登記法（以下この項において「第3号新不動産登記法」という。）第76条の5の規定は、同号に掲げる規定の施行の日（以下「第3号施行日」という。）前に所有権の登記名義人の氏名若しくは名称又は住所について変更があった場合についても、適用する。この場合において、第3号新不動産登記法第76条の5中「所有権の登記名義人の」とあるのは「民法等の一部を改正する法律（令和3年法律第▼▼▼号）附則第1条第3号に掲げる規定の施行の日（以下この条において「第3号施行日」という。）前に所有権の登記名義人となった者の」と、「あった日」とあるのは「あった日又は第3号施行日のいずれか遅い日」とする。

8.　第3号施行日の前日までの間の読替え

　　第2号施行日から第3号施行日の前日までの間における第2号新不動産登記法第16条第2項の規定の適用については、同項中「第76条の4まで、第76条の6」とあるのは、「第76条の3まで」とする。➡第3号施行日前は、登記名義人が権利能力を有しなくなった場合の職権による所有権の登記符号の表示、氏名等の変更があった時は2年以内に変更登記の申請、職権による氏名等の変更登記に関する改正規定は適用されない。

第3章 | 相続等により取得した土地所有権の国庫への帰属に関する法律（相続土地国庫帰属法）

Q1 相続等により取得した土地所有権の国庫への帰属に関する法律の全体がわかるよう図示して下さい。

A1

## 所有者不明土地の発生を予防する方策

| 相続土地国庫帰属法 |
|---|
| **土地所有権を国庫に帰属させる制度の創設** |
| ①土地利用ニーズの低下等により、土地を相続したものの、土地を手放したいと考える者が増加している。<br>②相続を契機として、土地を望まず取得した所有者の負担感が増しており、管理の不全化を招いている。 |
| ○相続又は遺贈（相続人に対する遺贈に限る。）により取得した土地を手放して、国庫に帰属させることを可能とする制度を「相続等により取得した土地所有権の国庫への帰属に関する法律」（以下「法」という）により創設する。<br>○ただし、管理コストの国への転嫁や土地の管理をおろそかにするモラルハザードのおそれを考慮して、一定の要件を設定し、法務大臣が要件を審査する。<br>➡将来的に土地が所有者不明化し、管理不全化することを予防することが可能になる。 |

**要件** 通常の管理又は処分するに当たり過分の費用又は労力を要する以下のような土地に該当しないこと（法2③）

| 国庫帰属申請不可土地 |
|---|
| ㋐建物の存する土地、㋑担保権又は使用・収益を目的とする権利が設定されている土地、㋒通路その他の他人による使用が予定される土地等、㋓土壌汚染対策法第2条第1項が規定する特定有害物質（基準を超えるものに限る）により汚染されている土地、㋔境界が明らかでない土地その他の所有権の存否、帰属又は範囲について争いがある土地 |

| 承認を要する土地（法5） |
|---|
| 危険な崖地等管理に過分の費用・労力を要しない土地に該当しない場合 |

※危険な崖地については、国庫帰属させるのではなく、引き続き、国土管理の観点から行政的な措置をとるなどして対応
※運用において、国や地方公共団体に対して、承認申請があった旨を情報提供し、土地の寄附受けや地域での有効活用の機会を確保する。

◎審査手数料のほか、土地の性質に応じた標準的な管理費用を基に算出した10年分の土地管理費相当額（詳細は政令で規定）の負担金を徴収する。

（参考）原野20万円、200㎡国有地（宅地）の管理費用（10年分）は約80万円程度（柵・看板設置費用、草刈・巡回費用）

【手続イメージ】

①承認申請【申請権者】（法2）

相続又は遺贈（相続人に対する遺贈に限る）により土地を取得した者・共有者は共同申請可

②法務大臣（法務局）による要件審査・承認

・実地調査権限あり
・国有財産の管理担当部局等に調査の協力を求めることができる。（法6・7）

③申請者が10年分の土地管理費相当額の負担金を納付法11

④　国庫帰属

 **土地所有権放棄制度は尻つぼみ**

　「土地所有権放棄制度」として声高に始まった議論は、国による管理の困難さや、国の財政問題等もあり、「相続等を契機とした土地所有権の国庫帰属制度」に変容し、国家帰属させる要件もかなり厳格なものになりました。負担金の納付を国庫帰属の効力要件とすることから、国への「負担付贈与」ではないかとの声も聞こえてきます。しかし、国庫帰属できない二束三文の土地を外国勢力が狙っていることは国防の観点から決して忘れてはなりません。北海道の土地は既に20％近くが外国勢力が買収していると言われ、森林[27]、水源、基地周辺土地も危機的状況にあります。

　そもそも我が国はWTO（世界貿易機関）のガットをほぼ無条件で受け入れていますから「外国人土地法」（大正15年11月10日施行）に制限規定があるものの、日本国憲法下においてこの法律に基づく政令はこれまで制定されたことはなく、現在では外国人の不動産取得に関しては、なんら制限がないものとなっていました。最近、地方に講演に行って知ったことですが、地方公共団体が独自に水源地域の土地取引に届出を義務付ける条例[28]が制定されているとのことですが、国防を目的とするものではありませんでした。

---

[27] 参議院（令和3年4月13日）における政府参考人の答弁によると令和元年については、全国で31件、163ヘクタールの外国資本による森林買収が確認されている。また、初回調査の対象とした平成18年から令和元年までの累計を見ると、264件、2,305ヘクタールの外国資本による森林の買収を把握している。この264件のうち北海道が212件と多い割合になっている。

[28] 北海道などで外国資本が森林等の土地を取得している問題が契機となって、水源地域の土地取引の届出を義務付ける条例が、平成24年から27年にかけて、北海道をはじめ約3分の1の都道府県で制定された。また、平成30年には、京都府でも制定され、令和2年12月末現在、18都道府県で制定されている。

　今回ようやくガットの例外規定を理由に安全保障上重要な施設周辺の土地や建物について、売買の際に事前の届け出を義務づけるなどの利用規制を盛り込んだ法案「重要施設周辺及び国境離島等における土地等の利用状況の調査及び利用の規制等に関する法律」が令和3年6月16日に成立しました。しかし、与党内の一部にもどういうわけか慎重論が強く、自衛隊の基地や原子力発電所などの重要インフラ施設の周辺おおむね1キロの範囲、それに国境に近い離島などを「注視区域」「特別注視区域」に指定し、国が土地などの所有者の氏名や国籍などを調査し、機能保全、安全保証のため必要があれば勧告、命令、買取ができるとの内容になりました。しかし、1キロメートルではあまりに範囲が狭すぎるとの強い批判がでています。

　いずれにしても「相続等を契機とした土地所有権の国庫帰属制度」とは立法趣旨が異なるとしても国防の観点から地域によっては柔軟な国庫帰属を認めていくべきではないでしょうか。今後の議論の展開に期待します。

第<br>3<br>章

**Q₂** 「権利自体」の放置予防策のうち「相続等により取得した土地所有権の国庫への帰属に関する法律」（新法）について説明して下さい。

**A₂**

「相続等により取得した土地所有権の国庫への帰属に関する法律」（以下「新法」という。）が令和3年4月21日に成立し、同月28日に公布、令和5年4月27日から施行されることとなりました。

①土地の所有者（相続又は遺贈（相続人に対する遺贈に限る。以下同じ。）によりその土地の所有権の全部又は一部を取得した者に限る。）は、法務大臣に対し、その土地の所有権を国庫に帰属させることについての承認を求めることができる（同法2条1項）。

②土地が数人の共有に属する場合においては、①の法務大臣に対する承認の申請（以下「承認申請」という。）は、共有者の全員が共同して行うときに限り、することができる。この場合において、相続等以外の原因により当該土地の共有持分の全部を取得した共有者は、相続等により共有持分の全部又は一部を取得した共有者と共同して行うときに限り、①の規律にかかわらず、承認申請をすることができる（同条2項）。➡この共有者には法人も含むと思われます（部会資料48第1、11注4参照）。

国庫帰属の承認申請をする者（以下「承認申請者」という。）は、承認申請に対する審査に要する実費の額を考慮して政令で定める額の手数料を納めなければ

なりません（同法3条2項）。

## コラム　法制審議会の部会資料と会議録

　民法のような基本法の改正は、法務省法制審議会で検討されます。今回の改正のために法制審議会では、2019年3月19日の第1回会議から2021年3月2日の最終会議まで計26回の会議が開かれました。その検討状況や検討結果は、法制審議会部会資料・会議録として順次公表され、誰でも法務省ホームページから見ることができます。この原稿も主に法制審議会の資料を読んだり、検討にオブザーバーで参加した当事務所弁護士の話をまとめながら執筆しています。

　その部会資料はどのくらいの分量があるのでしょうか。先日数えてみたところ、2,792頁ありました。法律の教科書が大体400頁平均とすると7冊分ですかね。結構読みきるのは大変です。でも債権法の改正の時より少ないです。債権法改正のときは約12,400頁ありました。一気に目が悪くなりました。

　この部会資料は現在の日本の民法学者達の最高水準の検討結果ですから、極めて貴重なものです。そして、何よりも今後改正法の解釈が問題となったときは重要な解釈指針になます。

**Q3　国庫帰属の承認が申請できない土地はどのような土地ですか。**

**A3**

次のような土地です（新法2条3項）。

①建物の存する土地

②担保権又は使用及び収益を目的とする権利が設定されている土地

③通路その他の他人による使用が予定される土地として政令で定めるものが含まれる土地

④土壌汚染対策法第2条第1項に規定する特定有害物質（法務省令で定める基準[*29]を超えるものに限る。）により汚染されている土地

⑤境界が明らかでない土地その他の所有権の存否、帰属[*30]又は範囲について争いがある土地

---

[*29] 環境省令で定める基準と同様の基準を定めることが想定されている（部会資料48・10頁）。政令ではなく、法務省令しされたのは、当該環境省令で定める基準が変更された場合に迅速に対応するためである（部会資料56・6頁）。

**承認を受けた土地について登記されていない担保権等が設定されている場合、その担保権は国に対抗できますか。**➡部会資料48・5頁

その担保権等は、民法第177条の「第三者」に該当する国には対抗できないと考えられます。

 **承認時に国との間で贈与契約が結ばれたと考えるのですか。**➡部会資料48・5頁

端的に、承認により国に所有権が移転すると考えればよいと思います。

 **入会権の対象となっている土地の構成員について相続が発生した場合、その取得者は申請主体となりますか。**➡部会資料48・6

入会権の対象となっている土地は、その構成員が法人格なき社団を構成していない場合であっても、いわゆる総有として持分権の概念がないものと解され、構成員について相続が発生しても、それを契機にして相続人が直ちに土地の入会権を取得する関係にはないことから、入会権者の相続人を現段階で国への所有権移転の認定処分の申請主体にすることについては、慎重に検討せざるを得ません。もっとも、入会地についても、制度導入後の利用状況等を踏まえて、国への所有権移転の認定処分の申請主体とすることを検討する必要があると考えられます。

---

*30 相続登記がなされていない土地が想定される（この要件の審査は、申請者が申請地の登記名義人として権利部甲区に登記され、氏名住所が一致していることを必要とするなど不動産登記を基礎に判断されることが想定される。部会資料36・11頁）。

**Q7** 当該土地の有害物質による汚染状態が政令で定める基準に適合しないと認める場合であっても、適切な汚染の除去等の措置が講じられていれば、そのような土地の国への所有権移転を認めることも考えてよいですか。➡部会資料48・10

**A7**

　土壌汚染対策法に定める方法により適切な汚染の除去等の措置が講じられていれば、そのような土地の国への所有権移転を認めることも考えられますが、そのような土地の所有権を国に移転させた後で、自然災害等により、その土壌が他の土地に流出するなどすれば、国がその責任を追及されるおそれがあります。

　そこで、その土壌の政令で定める有害物質による汚染状態が、当該有害物質の種類ごとに政令で定める基準に適合しないと認める土地については、当該土壌の汚染の除去が行われ、同基準に適合する状態とならない限り、国への所有権移転は認めるべきではないと考えられます。

**Q8** 土地の外観や地歴から、土壌汚染の存在が疑われ、審査機関が認定処分申請者に対して、詳細な調査結果を求めたにもかかわらず、認定処分申請者がこれに応じない場合はどうなりますか。
➡部会資料48・10

**A8**

　A16の調査（新法6条2項）に応じないものとして、申請が却下されることが想定されます。

**Q9** 「境界が明らかでない土地」というのは、筆界特定がなされていない土地を含みますか。➡部会資料48・10頁

**A9**

　第16回会議においては、所有権放棄（当時は土地所有権放棄を前提としていた）に当たっては、土地の筆界の特定まで要求されていなければ、隣接者との間で、あえて筆界とは異なる所有権界が設定されるおそれがあり、また、国に帰属した土地を処分したり利用したりするときに不都合が生じるおそれがあるとの指摘がありました（部会資料36・12頁、令和3年3月24日衆議院法務委員会政府参考人発言）。

　土地の筆界が特定されていない場合に、土地の利用や処分が困難になるのはこの指摘のとおりですが、利用希望者が現れない可能性が高いと考えられる土地の国への所有権移転に当たって、筆界の特定までを要求するのはやはり過大であると考えられ、境界が明らかでない土地という類型としては、隣地所有者との間で所有権界について争いがないことを基本とするのが、本制度が機能するためには必要であると考えられます。

　相続税の物納制度においても、土地の物納に当たって、境界に争いがなければよいとされています（相続税法第41条第2項、相続税法施行令第18条第1号ハ、相続税法施行規則第21条第3項第1号参照）。

　なお、所有権界に争いがないかを判断するための資料としては、認定処分申請地と隣地との境界について隣地所有者に異議がないことを示す書面の提出を求めるほか、境界標の設置や測量図面の提出を求めることも考えられますが、現地調査の結果も考慮されます（部会資料54・6頁）。

　また、一般論として、隣接地の所有者間で土地の境界につき明確な対立がない場合であっても、境界があきらかでなければ、実態として境界に争いがあるといえ、承認申請は認められなくなると解されます（令和3年3月24日付け衆議院法務委員会政府参考人発言）。

**Q10** 国庫帰属の承認申請があった場合に、法務大臣が承認を要する土地はどのような事項に該当しない土地ですか。➡部会資料54・7頁、部会21回会議、部会資料36・13頁、令和3年3月24日付け衆議院法務委員会政府参考人発言、部会資料48・10〜12頁

**A10**

　法務大臣は、承認申請された土地が下記の①から⑤に該当しないときは承認をしなければならないとされています*31*32（新法5条）。

①崖（勾配、高さその他の事項について政令で定める基準に該当するものに限る。）がある土地のうち、その通常の管理に当たり過分の費用又は労力を要するもの

---

*31　羈束裁量である。行政裁量が否定されているのは、行政庁に裁量権を広く認めると、行政庁が国庫帰属を認めない方向で恣意的に判断していると疑念を抱かれるおそれがあるからである（部会資料36・18頁）。

*32　国庫帰属承認事例集作成の必要性が主張されている（部会第19回会議）。

②土地の通常の管理又は処分を阻害する工作物、車両又は樹木その他の有体物が地上に存する土地

③除去しなければ土地の通常の管理又は処分をすることができない有体物が地下に存する土地

④隣接する土地の所有者その他の者との争訟によらなければ通常の管理又は処分をすることができない土地として政令で定めるもの

⑤①から⑨までに掲げる土地のほか、通常の管理又は処分をするに当たり過分の費用又は労力を要する土地として政令で定めるもの

## Q11 「除去しなければ土地の通常の管理又は処分をすることができない有体物が地下に存する土地」について具体的に説明して下さい。
➡部会資料48・10頁

### A11

　地中の埋設物については、土地の管理や利用の支障となる可能性があることから、事前に土地の掘削等を行って埋設物が存在しないことが確認された土地についてのみ、国への所有権移転を認めるべきとも考えられますが、全ての土地について、このような確認を行うのは現実的ではありません。また、地中に埋設物があったとしても土地の管理や利用に支障がないことも多く、一律に所有権移転を否定するまでの必要はないとも考えられます。

　そこで、土地の外観や地歴から、明らかに埋設物が存在する蓋然性が認められるような場合以外は、掘削等は行わず、事後的に、要件の認定処分の時点で地中に埋設物が存在していたことが判明し、かつ、その埋設物が土地の管理又は処分を阻害するものと認められる場合に、認定処分を取り消すことが考えられます。例えば、広大な土地の一部に若干の埋設物が存在していても、土地の管理には支障がないものと認められることがある一方で、農地においては、農作物を作る土地という性質上、わずかな埋設物であっても、土地の管理を阻害すると認められる可能性があることから、土地の管理を阻害するかは、土地の性質に応じて判断すべきものと考えられます。

**Q12** 「隣接する土地の所有者その他の者との争訟によらなければ通常の管理又は処分ができないと見込まれる土地」とはどのような状態の土地をいいますか。➡部会資料48・11頁

**A12**

　例えば、隣地上にある竹木の枝や建物の屋根の庇が、承認申請地と隣地の境界を越えて、承認申請地内に大きく張り出している場合のように、土地の帰属や範囲については争いがないが、隣接する土地の所有者その他の者との争訟によらなければ通常の使用ができないと見込まれる土地の類型が想定されますが、このような土地を利用、管理等をするに当たっては、隣接地の住民との間でトラブルが発生し、土地の利用、管理等に支障を来す可能性があります。そこで、隣接する土地の所有者その他の者との争訟によらなければ通常の管理又は処分ができないと見込まれる土地については、国への所有権移転をすることができないものとされたものです。なお、相続税の物納の要件を定めた相続税法施行令にも同様の規定があります（同施行令第18条第1号ニ）。

**Q13** 新法第5条1項の「五　前各号に掲げる土地のほか、通常の管理又は処分をするに当たり過分の費用又は労力を要する土地として政令で定めるもの」とはどのような状態の土地を想定していますか。➡部会資料48・12頁

**A13**

　管理又は処分をするに当たり過分の費用又は労力を要するものとして政令で定める土地とは、国民の権利に関わる重要な事項につき、政省令で規定するのは望ましくないとの第16回会議における意見を踏まえ、本資料においては、国民の予測可能性を担保するため、国への所有権移転が認められない土地の類型をできるだけ明確にすることとしましたが、土地は、その性質上、利用状況や土地の形状等が様々であり、簡潔に類型化することには限界があります。

　そこで、新法第5条1項一から四までに掲げる土地のほか、五として「通常の管理又は処分をするに当たり過分の費用又は労力を要するものとして政令で定める」土地について、国への所有権移転を認めないことと規定したものです。

　このような規律を設けることにより、新法第5条1項一から四までに掲げる土地には直接該当しないがこれらの土地に類する土地や、部会資料36、同54・6頁において、鉱泉地、池沼、ため池、墓地、境内地、運河用地、水道用地、用悪水路、

井溝、堤、公衆用道路、別荘地などの、地域住民等によって管理・利用され、その管理に当たって多数の者との間の調整が必要になる土地を念頭に置いて、「土地の管理に当たって他者との間の調整や当該土地の管理以外の目的での過分の費用負担が生じる土地」*33として示していた土地についても、国への所有権移転を認めない土地として、詳細を政令で定めることを想定しているとされています。

**Q14** 国庫帰属の承認はどの土地の単位で行われるか教えて下さい。

**A14**

国庫帰属の承認は、土地の一筆ごとにすることになります（新法5条2項）。

**Q15** 一筆の土地の一部を分筆して条件が悪く利用しにくい部分のみを国に移転する可能性があり、モラルハザードを助長するおそれがあると指摘されていますが、大丈夫ですか。➡部会資料48・8頁

**A15**

条件が悪く利用しにくい土地であっても、法定の要件を満たし、管理手数料を納付するなどして認定処分を受けなければ、国への所有権移転は認められないわけですから、その指摘は必ずしも当たらないものと考えられています。

**Q16** 法務大臣が国庫帰属を調査する際に行う調査内容について教えて下さい。

**A16**

①法務大臣は、承認申請に係る審査をするため必要があると認めるときは、その職員に事実の調査をさせることができます（新法6条1項）。

②①により事実の調査をする職員は、承認申請に係る土地又はその周辺の地域に所在する土地の実地調査をすること、承認申請者その他の関係者からその知っている事実を聴取し又は資料の提出を求めることその他承認申請に係る審査のために必要な調査をすることができます（同条2項）。

---

*33 買戻登記が付されている土地、不法占拠者がいる土地、休眠担保権が設定されている七地等も含まれる（部会資料36・11頁、同48・11頁）。

③法務大臣は、その職員が②の規定により承認申請に係る土地又はその周辺の地域に所在する土地の実地調査をする場合において、必要があると認めるときは、その必要の限度において、その職員に、他人の土地に立ち入らせることができます（同法6条3項）。

④法務大臣は、③の規定によりその職員を他人の土地に立ち入らせるときは、あらかじめ、その旨並びにその日時及び場所を当該土地の占有者に通知しなければなりません（同条4項）。

⑤③の規定により宅地又は垣、柵等で囲まれた他人の占有する土地に立ち入ろうとする職員は、その立入りの際、その旨を当該土地の占有者に告げなければなりません（同条5項）。

⑥日出前及び日没後においては、土地の占有者の承諾があった場合を除き、⑤に規定する土地に立ち入ってはなりません（同条6項）。

⑦③の規定による立入りをする場合には、職員は、その身分を示す証明書を携帯し、関係者の請求があったときは、これを提示しなければなりません（同条7項）。

⑧国は、③の規定による立入りによって損失を受けた者があるときは、その損失を受けた者に対して、通常生ずべき損失を補償しなければなりません（同条8項）。

**Q17　法務大臣はＡ16①の事実調査のために資料提供要求等が認められていますか。**

**A17**

　法務大臣は、Ａ16①の事実の調査を行うため必要があると認めるときは、関係行政機関の長、関係地方公共団体の長、関係のある公私の団体その他の関係者に対し、資料の提供、説明、事実の調査の援助その他必要な協力を求めることができます（同7条）。

**Q18** 法務大臣が承認に関して財務大臣及び農林大臣に意見聴取をしなければいけませんか。

**A18**

　法務大臣は、A10（新法5条1項）の承認をするときは、あらかじめ、承認を行う土地の管理について、財務大臣及び農林水産大臣の意見を聴くものとするとされています（新法8条）。ただし、承認申請に係る土地が主に農用地（農地法（昭和27年法律第229号）第2条第1項に規定する農地又は採草放牧地をいう。以下同じ。）又は森林（森林法（昭和26年法律第249号）第2条第1項に規定する森林をいう。以下同じ。）として利用されている土地ではないと明らかに認められるときは、この限りでないとされています（同条ただし書）。


**Q19** 法務大臣が国庫帰属の承認の可否について決定した場合の手続きについて教えて下さい。

**A19**

　法務大臣は、新第5条第1項の承認をし、又はしないこととしたときは、法務省令で定めるところにより、その旨を承認申請者に通知しなければなりません（新法5条）。


**Q20** 法務大臣が承認申請*³⁴を却下しなければならない場合について教えて下さい。

**A20**

　法務大臣は下記に掲げる場合は承認申請を却下しなければならないとされています（新法4条1項）。
　①承認申請が申請の権限を有しない者の申請によるとき
　②申請書の内容に不備があるとき
　③承認申請者が政令で定める手数料を納付しないとき
　④承認申請者が、正当な理由がないのに、Q16で説明した調査に応じないとき
　法務大臣は、上記の承認申請を却下したときは、遅滞なく、法務省令で定めるところにより、その旨を承認申請者に通知しなければなりません（新法4条2項）。

---

*³⁴ 承認申請に瑕疵等があった場合は行政訴訟（承認処分の取消訴訟）で争われることになる。

承認申請者が納付しなければならない負担金について教えて下さい。

　承認申請者は、国庫帰属の承認があったときは、承認に係る土地につき、国有地の種目ごとにその管理に要する10年分の標準的な費用の額を勘案して政令で定めるところにより算定した額（以下「負担金」という。）を納付しなければなりません。

　法務省が例示しているのは原野で20万円、市街地で200㎡の宅地であれば10年分管理料80万円（柵・看板設置費用、草刈・巡回費用等）です（令和3年3月23日衆議院法務委員会議事録24頁）。

　承認申請者がその負担金を納付したときは、その納付の時において、承認された土地は国庫に帰属します（新法11条1項）。納付の時に国庫帰属としたのは承認申請者に対する通知が到達し、処分の効力が発生した時期を国側で確知することは必ずしも容易でないことを踏まえ、納付という客観的事実を国庫帰属の時期にした方が明確となるからです（部会資料54、4頁）。そして、法務大臣は、承認申請（新法5条1項）された土地の所有権が上記規定により国庫に帰属したときは、直ちに、その旨を財務大臣（当該土地が主に農用地又は森林として利用されていると認められるときは、農林水産大臣）に通知しなければなりません（同条2項）。

**Q22** 国庫帰属の承認を受けた者が損害賠償責任を負う場合について説明して下さい。

**A22**

　国庫帰属の承認を受けた土地について承認を受けた時においてA3（新法2条3項）で説明した承認申請できない、あるいはA10（新法5条）で承認を受けられない事由のいずれかに該当する事由があったことによって国に損害が生じたときは、当該事由を知りながら告げずに承認を受けた者は、国に対してその損害を賠償する責任を負います。国の賠償請求の時効は、特に特則を設けず会計法30条の規律に委ねられます。

【参考】
会計法第30条
　金銭の給付を目的とする国の権利で、時効に関し他の法律に規定がないものは、これを行使することができる時から5年間行使しないときは、時効に

よって消滅する。国に対する権利で、金銭の給付を目的とするものについて
も、また同様とする。

## Q23 法務大臣が国庫帰属の承認を取り消すことができる場合を教えて下さい。

### A23

(1) 法務大臣は、承認申請者が偽りその他不正の手段により第5条第1項の承認を受けたことが判明したときは、同項の承認を取り消すことができます（新法13条1項）。法務大臣が、承認の取消しをしようとするとき（承認申請された土地が負担金の納付により国庫に帰属している場合に限ります。）は、

①負担金の納付により国庫に帰属した土地（以下「国庫帰属地」という。）を所管する各省各庁の長（当該土地が交換、売払い又は譲与により国有財産でなくなったときは、当該交換等が生じた時に当該土地を所管していた各省各庁の長）の意見を聴くものとします（同条2項）。

②法務大臣は、国庫帰属地が交換等により国有財産でなくなった場合又は国庫帰属地につき貸付け、信託又は権利の設定がされた場合において、取消しをしようとするときは、国庫帰属地の所有権を取得した者（転得者を含む。）及び国庫帰属地に係る所有権以外の権利を取得した者の同意を得なければなりません（同条3項）。

(2) 法務大臣は、(1) により承認を取り消したときは、法務省令で定めるところにより、その旨を同項の承認を受けた者に通知するものとします（同条4項）。

## Q24 新法における法務大臣の権限は、法務省令で定めるところにより、その一部を法務局又は地方法務局の長に委任することができますか。

### A24

できます（新法15条）。

## Q25　所有権放棄制度を採用しなかった理由や留意点を教えて下さい。

### A25

部会資料58・新法要綱案3頁注には以下の記述があります。

(1) 民法に所有権の放棄*35*36に関する新たな規律は設けないこととされました。➡所有権放棄の構成を取らなくても国庫帰属制度により本来の目的を達するし、不動産所有権の放棄制度の規律を設けると動産の放棄の規律をどのようにするか法秩序全体の困難な問題が発生する可能性があるためです（部会資料48・4頁）。

(2) 国は、法務大臣の国庫帰属の承認がなされた場合には、土地の所有権を所有者から承継取得します。このことから、承認申請者が無権利者であった場合には、承継の効果を生じません。➡いわゆる無権利の法理

(3) 部会資料58、3頁（注3）では、「農用地（農地又は採草放牧地をいう。）及び森林については、承認の申請に先立って、既存の法律において整備されている利用権の設定や売却のあっせんなどの仕組みの活用を申し出なければならないものとする規律を設けることにつき、どのように考えるか。」との問題提起がなされましたが、それを受けて新法第8条では「法務大臣は、国庫帰属の承認をしようとするときは、あらかじめ、承認される土地の管理について、財務大臣及び農林水産大臣の意見を聴くものとします。ただし、主に農用地又は森林として利用されている土地ではないと明らかに認められる場合には、この限りではない。」と規定されました。➡新法8条に明記されています

(4) Q16で説明した職員の事実調査については、事前の通知など、立入りの手続に関する規律を設けるものとされています。➡新法6条4項～8項に明記されました。

(5) 負担金の納付については、国庫帰属の承認後に、承認申請者が負担金を一定期間内に納付しないときは、承認はその効力を失うものされます。➡法律の中にはないので今後政令で記されることになるのか？

(6) 国庫帰属の取消しについては、法務大臣が、承認を取り消し、土地所有権の国庫への帰属（承継）を遡及的に無効とすることができることを前提にしています。

(7) その他国庫に帰属した土地の管理に関する規律が設けられます。

---

*35 旧法下では、土地所有権の放棄をはじめ土地所有権を手放すための規律や制度は存在せず、その可否は判然としなかった。昭和41年の法務省民事局長の回答では土地所有権の放棄については否定的であった。また、一般論としては認めつつ、所有権放棄は権利濫用で無効としたものがある（広島高松江支部平28.12.21）。

*36 土地の所有権の放棄の構成の場合は、国が土地を民法239条2項で原始取得することになる（中間試案補足説明161頁）。

# 第4章　遺産分割長期未了状態への対応

| (1-2)「権利自体」の放置予防策 | | ①相続等を契機とした土地所有権の国庫帰属制度の創設→第3章<br>②遺産分割長期未了状態への対応→第4章（本章）➡長期間放置された後の遺産分割では具体的相続分に関する証拠等が散逸し、共有状態の解消が困難<br>○相続開始から10年を経過したときは、個別案件ごとに異なる具体的相続分による分割の利益を消滅させ、画一的な法定相続分で簡明な遺産分割を行う仕組みを創設する（民904の3）➡遺産分割長期未了状態の解消を促進する。<br>➡遺産分割を共有物分割の特則とする→第5章Q15以下（民258、258の2） |
|---|---|---|

**Q1　「権利自体」の放置予防策のうち遺産分割の見直しについて説明して下さい。**

**A1**

遺産分割に関する見直しの内容は次のとおりです。

(1) 期間経過後の遺産の分割における相続分

遺産の分割について、次のような規定が設けられました（改正民法904条の3）。

民法第903条（特別受益者の相続分）から第904条の2（寄与分）までの規定は、相続開始の時から10年[37]を経過した後に行う遺産の分割については、適用しないこととされました。[38]ただし、次の①及び②のいずれかに該当するときは、この限りではありません。

①相続開始の時から10年を経過する前に、相続人が家庭裁判所に遺産の分割の

---

[37] 制限期間の10年は強行法規か否か、すなわち、当事者の合意によって伸長し得るか問題になりますが、時効利益の放棄の考えと同じように考えて、期間経過「前」になされた合意は無効の可能性があり、「後」については有効とされている（荒井Q＆A202頁）。

[38] 相続開始から長時間が経過すると証拠の散逸により具体的相続分の算定が難しくなり遺産分割も困難になるため、遺産分割を促進する観点から改正されたもの。

請求をしたとき。

②相続開始の時から始まる10年の期間の満了前6箇月以内の間に、遺産の分割を請求することができないやむを得ない事由が相続人にあった場合において、その事由が消滅した時から6箇月を経過する前に、当該相続人が家庭裁判所に遺産の分割の請求をしたとき。

(2) 遺産の分割の調停又は審判の申立ての取下げ（家事審判法273条）

遺産の分割の調停又は審判の申立ての取下げについて、次のような規定が設けられます。

遺産の分割の調停の申立て及び遺産の分割の審判の申立ての取下げは、相続開始の時から10年を経過した後にあっては、相手方の同意を得なければ、その効力を生じません[39][40]。

(3) 遺産の分割の禁止

遺産の分割の禁止の定め及び遺産の分割の禁止の審判の規定が次のように改められました。

①共同相続人は、5年以内の期間を定めて、遺産の全部又は一部について、その分割をしない旨の契約をすることができます。ただし、その期間の終期は、相続開始の時から10年を超えることができません[41]（改正民法908条2項）。

②①の契約は、5年以内の期間を定めて更新することができます。ただし、その期間の終期は、相続開始の時から10年を超えることができません（同条3項）。

③民法第907条第2項本文の場合において特別の事由があるときは、家庭裁判所は、5年以内の期間を定めて、遺産の全部又は一部について、その分割を禁ずることができます。ただし、その期間の終期は、相続開始の時から10年を超えることができません（同条4項）。

④家庭裁判所は、5年以内の期間を定めて③の期間を更新することができます。ただし、その期間の終期は、相続開始の時から10年を超えることができません（同条5項）。

---

[39] 相続開始後10年を経過した後は、基本的には、具体的相続分による遺産分割が制限されるため、他の相続人の利益が害されないようにする趣旨である（部会資料42・8頁）。

[40] 相続開始から10年を経過する直前に取下げされた事案については、改正法の規定は適用されないが、相続開始後10年を経過する前にやむを得ない事由によって申立てをすることができなかったものとして、改正後民法904条の3第2号により処理されることになる（部会資料42・8頁）。

[41] 遺産分割を促進という立法目的を実現するためです（中間試案補足説明140頁参照）。

**コラム** 遺産分割の禁止は何のために行われるのか〜死者が泣くに泣けない痛恨のミス（遺産分割禁止が役立たなかった事例）

　遺産分割禁止は、①相続人に未成年の若年者が含まれる場合、②遺産の範囲について民事訴訟が提起されている場合、③相続人が確定していない場合等のケースにおいて遺言で行われる事例をよくみます。方法としては「遺言による禁止」に限らず「家庭裁判所による禁止」「相続人全員の合意による禁止」「相続人の合意に至らない場合の調停の方法」の4つがあります。相続財産の一部について行うことも可能ですが、この度の改正では、遺産分割の長期の未了状態を防ぐために、遺産分割禁止はどのような場合でも最長10年ということになりました（改正民法908条②③④⑤）。

　ところで、中小企業の社長さんが設立準備中の会社の経営が軌道に乗るまでと考えて5年間の遺産分割禁止の遺言をしたのですが、遺言禁止の相続財産の中に同会社のことを書き落としたため、禁止の対象外の「その他の財産」の範囲と判断され、折角の遺産分割禁止の恩恵を受けられなかった事例を事務所の弁護士から聞きました。このよう痛恨ミスが起きないように、遺言を作成する際は専門家とも相談しながら遺言目的が実現できるように十分注意して下さいね。

### ○相続開始後の相続登記放置や長期間遺産分割が未了の予防策の全体図について

| 相続開始 | 相続登記 | 自己のために相続があったこと、所有権を取得したことを知った時から3年以内⑦or⑦の義務<br>⑦法定相続分による相続登記（民76条の2①）<br>⑦相続人申告登記（民76条の3①）（相続人である旨の申告） | ➡⑦遺産分割成立から3年以内に相続分を超えて所有権を取得した者<br>↓<br>所有権移転登記申請義務（民76条の3②）<br>※⑦⑦は、法施行日に相続登記未了の場合にも適用（経過措置5条6） |
|---|---|---|---|
| | | ⑦⑦は相続人の一人がすれば他の相続人も義務免れる（76の3③、の2②） | |
| | 遺産分割請求 | **管轄**<br>相続財産全体を分割（管轄家裁） | **10年経過前**<br>※遺産分割禁止はいかなる場合でも最長で10年間（民908②〜⑤）<br><br>↓<br><br>※法施行前に相続開始した案件でも、相続開始から10年経過、法施行 | **10年経過後**<br>・家裁遺産分割では民906条以下の遺産分割の規定に従うが903条〜904条（時別受益・寄与分）不適用（民904の③）➡【例外】①10年経過前に相続人が家裁に遺産分割請求②10年経過の期間満了6ヶ月以内の期間にやむを得ない事由＋事由消滅の時から6ヶ月経過前に家裁に遺産分割請求　〔当事者の個別の合意で特別受益等を考慮すること可〕 |

| 共有物分割請求 | | | |
|---|---|---|---|
| | | 日から5年経過する時のいずれか遅い時から適用（経過措置3条）➡要注意 | ・他の共有者の異議がなければ所在不明相続人の持分取得、譲渡請求可（不262の2②③、の3②、898②）→Q18、20➡活用しやくする制度 |
| | 個々の共有物を分割（管轄地裁） | 共　　有<br>遺産共有財産<br>遺産分割をするときは共有物分割不可（258の2①）<br><br>共　　有<br>A ／ B<br>d所有 ／ a b c の遺産共有<br><br>ＡＢの代償分割含め共有物分割可。<br>但し、Ｂ内では共有物分割不可でＢ内では遺産分割（最判H25.11.29） | ➡相続人も共有物分割請求可（258の2②）<br><br>相続人もＡＢともに共有物分割請求可<br>➡但し、裁判所から共有物分割請求の通知があったときから2ヶ月以内に相続人の異議の申出をしたときはＢについては遺産分割が必要（258の2②③）<br>※異議を述べなかった場合、地裁と家裁に同時係属する可能性あり。 |

## コラム／ 経過措置はよく読まないと命取り

　全ての改正法には、その改正法が、どの時点で発生した事件に適用されるのか明らかにするため経過措置が設けられます。

　今回の改正でも附則に経過措置が設けられていますが、その中で特に注意を要するのが㋐第3条と㋑第5条の6です。うっかり見落とすと大変な不利益を被るかもしれません。

　㋐は、相続人が家庭裁判所における遺産分割の際に「特別受益」や「寄与分」主張ができなくなるという改正民法904条の3関係です。法施行日前に自己に相続が開始していて遺産分割が未了な場合、全国では相当数にのぼると思いますが、「相続開始から10年あるいは法施行（令和5年4月1日）から5年を経過するときのいずれか遅い時」以後は、同経過日の直前にやむを得ない事由がない限り、遺産分割で特別受益等を主張できなくなります（経過措置3条）。特に遺産分割の相談を受けた弁護士は要注意です。見落とすと弁護過誤になりかねません。

ⅰ　相続開始（施行日6年前の平成30年4月1日）➡○令和10年4月1日

| | 法施行日から5年 | 特別受益等の主張× |
|---|---|---|
| | | 同上× |
| 法施行日（令和5年4月1日） | | |
| 相続開始から10年 | | |

ⅱ　相続開始（施行日3年前の令和2年4月1日）➡○令和12年4月1日

　㋑は、法施行日前に相続で不動産を取得していたけれど、法施行日の段階で相続登記が未了な場合です。このケースでも相続登記等を義務付けた改正76条の2は適用されます（経過措置5条6項）。法施行前から自己のために相続開始があったことを知っていた時は、令和6年4月1日から3年以内に法定相続分による相続登記、あるいは相続人申告登記をしないと10万円以下の過料の制裁に課せられます。法施行日前に遺産分割協議をしていた時は、令和6年4月1日から3年以内に遺産分割を原因とした相続登記をしなかった場合も同様です。

ⅰ　自己のために相続開始があったことを知った日（施行日10年前）➡気をつけて

| | ➡施行日から3年 | 過料の制裁 |
|---|---|---|
| | | 過料の制裁 |
| （10年前に相続開始） | | |
| 令和6年4月1日の法施行日 | 令和9年4月1日 | |
| ➡知った日から3年 | | |

ⅱ　自己のために相続開始を知った日（令和7年4月1日）➡令和10年4月1日

　この義務は筆ごと課せられますので、このようなケースは日本国中に山ほどありますから過料によって国の財源は潤うでしょうね。手続を代行する司法書士さんも良かったですね。

---

## 【参考条文】

（遺産の分割に関する経過措置）

第3条　新民法第904条の3及び第908条第2項から第5項までの規定は、施行日前に相続が開始した遺産の分割についても、適用する。この場合において、新民法第904条の3第1号中「相続開始の時から10年を経過する前」とあるのは「相続開始の時から10年を経過する時又は民法等の一部を改正する法律（令和3年法律第▼▼▼号）の施行の時から5年を経過する時のいずれか遅い時まで」と、同条第2号中「10年の期間」とあるのは「10年の期間（相続開始の

時から始まる10年の期間の満了後に民法等の一部を改正する法律の施行の時から始まる5年の期間が満了する場合にあっては、同法の施行の時から始まる5年の期間）」と、新民法第908条第2項ただし書、第3項ただし書、第4項ただし書及び第5項ただし書中「相続開始の時から10年」とあるのは「相続開始の時から10年を経過する時又は民法等の一部を改正する法律の施行の時から5年を経過する時のいずれか遅い時」とする。

　（不動産登記法の一部改正に伴う経過措置）

第5条

（前略）

1　第2号新不動産登記法第76条の2の規定は、第2号施行日前に所有権の登記名義人について相続の開始があった場合についても、適用する。この場合において、同条第1項中「所有権の登記名義人」とあるのは「民法等の一部を改正する法律（令和3年法律第▼▼▼号）附則第1条第2号に掲げる規定の施行の日（以下この条において「第2号施行日」という。）前に所有権の登記名義人」と、「知った日」とあるのは「知った日又は第2号施行日のいずれか遅い日」と、同条第2項中「分割の日」とあるのは「分割の日又は第2号施行日のいずれか遅い日」とする。

 **改正民法904条の3の趣旨について教えて下さい。**
➡部会資料51・20頁、42・第1の1、2及び5

**A₂**

　第17回会議では、具体的相続分による分割を求めることができなくなることの法的性質について整理すべき旨の指摘がありました。

　部会資料42の第1の1では、「…家庭裁判所は、民法第903条から第904条の2までの規定にかかわらず、同法第900条から第902条までの規定による相続分（法定相続分又は指定相続分）に応じて遺産を分割しなければならない。」とし、新たな規律が、飽くまでも手続上の基準にすぎないと読める表現となっていました。しかし、調停・審判は実体法に則して行われるべきものであるし、協議による場合と適用される規律が異なることは相当ではないため、基本的に一定の期間の経過後には具体的相続分による分割を求める利益は失われると整理し、端的に、10年の期間経過後の遺産の分割には、特別受益・寄与分の規定は適用しないとしています（ただし、10年の期間経過後に、相続人間で具体的相続分による分割をする

との合意がされた場合には、協議によるケースはもちろん、調停・審判によるケースでも、その合意によることは、部会資料42の第1の5の補足説明のとおりです。）。

なお、このこととも関連しますが、10年の期間経過後に、具体的相続分による分割を求める利益について、遺産分割とは別に、不当利得等に基づき請求することを認めることは、想定をしていません。やむを得ない事由がある場合の救済は、相続開始から10年経過後も共有物分割請求を阻止する改正民法904条の3二により対応することを想定しています。

なお、同904条の3二の<u>やむを得ない事由</u>について、部会資料42の第1の5では、「（遺産の分割を禁止する定めがあることその他）やむをえない事由」と記載していましたが、このような例示があると、やむを得ない事由があるのは法律上の障害がある場合に限られることになるとの指摘があったこと等を踏まえ、例示されませんでした。病気療養や海外赴任は「やむを得ない事由」にあたらないと言われていますが、被相続人の生死が不明な状態であり、被相続人が死亡したことをおよそ知ることができない状況にある場合（部会資料31・24頁）、相続開始から10年を経過する直前に遺産分割調停等の申立てが取り下げられた場合（部会資料42・8頁）、相続放棄がなされた結果、新たな相続人になったような場合が「やむを得ない事由」にあたると説明されています（第17回議事録、第21回議事録44頁）。

また、この規律は、「相続開始の時から始まる10年の期間の満了前6箇月以内の間に」、「やむを得ない事由」がその時点の相続人（当初の相続人が死亡している場合には、その地位を受け継いだ者）にあるかどうかを問題とするものです。やむを得ない事由が消滅したときから6ヶ月間の準備期間を確保する趣旨です（部会資料42・7頁）。➡<u>遺産分割を共有物分割の特則とする→第5章Q15〜17（民258、258の2）を参照</u>

## 第5章　共有制度の見直し（所有者不明土地の円滑・適正な利用、管理の方策として）

 所有者不明土地の円滑・適正な利用、管理の方策としてどのようなものがありますか。

　①「共有者」による利用・管理の方策（共有制度の見直し）、②「隣地所有者」による利用・管理の方策（相隣関係規定の見直し）、③「その他の関係者」による利用・管理の方策があります（財産管理制度の見直し）。Q2以下で①の共有制度の見直しについての全体像について説明します。

**共有制度\*42の見直し**

**Q2** 共有制度の見直しについて説明して下さい。

**A2**

　所有者不明土地の円滑・適正利用・管理の方策として共有制度が見直されたのは次の点です。

①共有物を使用する共有者と他の共有者との関係等（改正民法249条2項）

②共有物の変更行為（同251条）

③共有物の管理（同252条）

④共有物の管理者（同252条の2）

⑤変更・管理の決定の裁判の手続（非訟事件手続法85条）

⑥裁判による共有物分割（改正民法258条）

⑦相続財産に属する共有物の分割の特則（同258条の2）

---

\*42 遺産共有は、判例上、民法249条以下に規定する共有とその性質を異にするものではないとされています（最判昭和30年5月31日）。そのため、民法249条以下の共有に関する規律は、基本的に遺産共有の場合にも適用されます（中間試案補足説明119頁）。この考え方は改正法にも維持されています。その上で、遺産共有に改正法の共有制度を適用する場合に使用される共有持分は具体的相続分ではなく、法定相続分又は指定相続分を各相続人の共有持分とするという規律が設けられました（改正民法898条2項、部会資料51・16頁）。→第5章Q23参照

⑧所在等不明共有者の持分の取得（同262条の2）

⑨所在等不明共有者の持分の譲渡（同262条の3）

⑩相続財産についての共有に関する規定の適用関係（同898条2項）

**共有者の中に不明者がいる場合の対応**

**Q₃ 共有者の中に不明者がいる場合の対応について一覧にして下さい。**

........**A₃**........

【不明共有者がいる場合】

| 不明共有者がいる場合の対応 | 共有制度の見直し |
|---|---|
| ▶不明共有者がいる場合には、利用に関する共有者間の意思決定や持分の集約が困難 | ○共有物の利用の円滑化を図る仕組みの整備<br>・裁判所の関与の下で、不明共有者に対して公告等をした上で、残りの共有者の同意で、共有物の変更行為や管理行為を可能にする制度を創設する。Q6➡民251②<br>・裁判所の関与の下で、不明共有者の持分の価格に相当する額の金銭の供託により、不動産の共有持分を取得して不動産の共有関係を解消する仕組みを創設する。Q18➡民262の2、非87④　持分譲渡は262の3、非88②→Q20<br>➡不明共有者がいても、共有物の利用・処分を円滑に進めることが可能になる。 |

**共有物を使用する共有者と他の共有者の関係〜賃貸借関係ではないというのが部会見解**

**Q₄ 共有物を使用する共有者と他の共有者との関係等についてどのような見直しがなされたのですか。**

........**A₄**........

　共有物を使用する共有者と他の共有者との関係等について、次のような規定が設けられました➡旧法においてはこのような規定はありませんでした。

　①共有物を使用する共有者は、別段の合意がある場合を除き、他の共有者に対し、自己の持分を超える使用の対価を償還する義務を負う*43（改正民法249条2項）。

---

*43 共有物を利用する一部の共有者が他の共有者に対して負っているのは、当該他の共有者が持分の限度において使用・収益することを妨害してはならないというという不作為義務であるとしている。

②共有者は、民法400条の善良な管理者の注意をもって、共有物の使用をしなければならない（同条3項）*44*45。➡義務違反の場合は損害賠償責任が課せられます（部会資料40・7頁）。

**自己の持分を超える使用**

 **Q5** 改正民法249条に当初の案にはなかった「自己の持分を超える使用」という文言が入ったのは何故ですか。
➡部会資料56・6頁、第21回会議22頁

**A5**

第21回の議論の結果、共有者による共有物の使用のうち自己の持分に応じた範囲内の使用に関しては、使用対価の償還義務の対象から除外するのが相当であると考えられるため、1項において、償還義務の対象を「自己の持分を超える使用」に限定したのです。

**〈第21回会議の「自己の持分を超える使用」の要件がなかった際の発言〉**

みんなが毎日必ず時間の隙間なく使いたいと思っている自動車であれば格別、誰も使っていない自動車をちょっと使わせてもらいますよというのは、対価を支払うに値するような使用、ここの規律が想定している使用とか対価の概念からは離れますというお話になっていくということもあるかもしれません。（中略）その解釈の上での概念の外延を決めなければいけないとかいう問題が生じてまいります。

*44 共有物の管理について民法の規定と異なる内容の合意をすることができるかについて、その合意の内容は共有物の承継人に及ぶかについては、法制審議会でも議論がなされたが（部会資料27、8頁以下）、引き続き解釈に委ねられることになった。論点の整理及び今後の実務上の対応については荒井Q＆A 91頁以下を参照。

*45 遺産共有の場合は、相続人が相続の承認又は放棄をするまでの間は自己の「固有財産におけるのと同一の注意をもって相続財産を管理」すれば足りるとされている（改正民法918条）。これは改正民法249条3項の特則に位置づけられるとされている（部会資料42・10頁）。なお、相続放棄した者が現に相続財産に属する財産を現に占有しているときは、放棄によって相続人又は相続人不分明の場合に選任される相続財産管理人に対し相続財産を引き渡すまで自己の財産における同一の注意をもって保存しなければならず（民940①）、また、限定承認者の場合は、固有財産におけるのと同一の注意をもって相続財産を管理を継続しなければならないとしている（民926）。

**共有物の変更行為についてはどのような見直しがなされましたか。**

**A6**

民法第251条の規定は次のように改められました。

①各共有者は、他の共有者の同意を得なければ、共有物に変更（その形状又は効用の著しい変更を伴わないものを除く。②において同じ。）を加えることができない（改正民法251条1項）。

②共有者が他の共有者を知ることができず、又はその所在を知ることができないときは、裁判所は、共有者の請求により、当該他の共有者以外の他の共有者の同意を得て共有物に変更を加えることができる旨の裁判をすることができる（同条2項）。

 **改正民法251条の規律について変わったところがありましたか。**
➡部会資料56・6頁、51・6頁、8頁

**A7**

Q6②で記述した共有物分割に関する改正民法251条2項は、所有者不明共有者がいる場合の特則として別の条項にする予定でしたが、改正民法251条では1項、2項と一括して記載することとし、それに伴って字句を形式的に修正しています。

 **共有物の管理に関しどのような見直しがなされましたか。**

**A8**

民法第252条の規定が次のように改められました。

①共有物の管理に関する事項（<u>民253第1項に規定する共有物の管理者の選任及び解任を含み</u>*46、共有物に民251第1項に規定する変更を加えるものを除く。②において同じ。）は、各共有者の持分の価格に従い、その過半数で決す

---

*46 旧法では管理者の選任要件や権限は明らかでなかった。

る*47。共有物を使用する共有者があるときも、同様とする(改正民法252条1項)。

②裁判所は、次に掲げるときは、ア又はイに規律する他の共有者以外の共有者
　の請求により、当該他の共有者以外の共有者の持分の価格に従い、その過半
　数で共有物の管理に関する事項を決することができる旨の裁判をすることが
　できる（同条2項）。

　ア　共有者が他の共有者を知ることができず、又はその所在を知ることがで
　　　きないとき。

　イ　共有者が他の共有者に対し相当の期間を定めて共有物の管理に関する事
　　　項を決することについて賛否を明らかにすべき旨を催告した場合におい
　　　て、当該他の共有者がその期間内に賛否を明らかにしないとき。

③①及び②の規律による決定が、共有者間の決定*48に基づいて共有物を使用す
　る共有者に特別の影響*49を及ぼすべきときは、その承諾を得なければならな
　い（同条3項)*50。

④共有者は、①から③までの規律により、共有物に、次のアからエまでに掲げ
　る賃借権その他の使用*51及び収益を目的とする権利（次のアからエまでにお
　いて「賃借権等」という。）であって、次のアからエまでに定める期間を超
　えないものを設定することができる（同条4項)*52。

　ア　樹木の栽植又は伐採を目的とする山林の賃借権等　10年

　イ　前号の賃借権等以外の土地の賃借権等　5年

　ウ　建物の賃借権等*53　3年

　エ　動産の賃借権等　6箇月

⑤各共有者は、①から④までの規律にかかわらず、保存行為をすることができ
　る（同条5項）。

*47 過半数で決する場合に協議が必要か否かについては解釈に委ねられているが必要説と不要説の対立がある。

*48 旧法では共有物を使用する共有者が共有持分を有していれば明渡を拒むことができ（昭和41年最判）、共有者間の合意等の認定は共有物の使用利益に係る償還義務の有無を判断するために争われるに過ぎなかった（平成10年最判等）。それに対し改正法では、共有物を事実上使用する共有者がいる場合は、共有物を使用する共有者の同意がなくても持分の過半数でその利益を奪うことができるが、既に共有者間で利用を「決定」されている「特別の影響を受ける共有者」がいる場合には、その者の承諾を受けなければならないことになった。

*49 ①共有物の「使用者」の変更、②使用「条件」の変更、③使用「目的」の変更

*50 旧法下判例によれば、相続人は、遺産分割までの間、相続時に存した金銭を相続財産として保管している他の相続人に対して、自己の相続分に相当する金銭の支払を求めることはできない（最判平4.4.10）。法律構成は不明であるが遺産共有であることに加え、上記昭和41年最判を踏まえて結論を説明する見解もある。すると改正法下では被相続人と相続人間で保有に関する合意が認定できるか否かで結論を異にする可能性がある。

*51 地上権や地役権については、現行法上、2年、3年というような短期の存続期間を設定することも必ずしも不可能ではないと考えられるところであり、改正法化でも、本文①の規律に基づき、本文④所定の期間内の存続期間を定める限りにおいて、地上権や地役権を設定することも可能であると考えられる。もっとも、一般に地上権や地役権を設定する場面では、長期間の存続期間を定めることが多い（なお、建物所有目的の地上権には借地借家法が適用される。）ことから、実際にこの規律が適用される場面は限られると考えられる。また、永小作権の存続期間は20年以上とされていることから（民法第278条第1項）、本文①の規律に基づいて永小作権を設定することはできないと考えられる（部会資料27、7頁）。また、東京地判平成14年11月25日の事例（判時1816、82）のように業務用の賃貸ビルで、原告を含めた共有者が従来からビル運用による収益分配を主目的とし、共有者の自己使用を予定していなかった等の特別の事情を踏まえ、過半数の共有持分を有する共有者の共有者以外の者への建物賃貸借契約も（契約期間は2年であるが、仮に借地借家法の適用により4項の期間を超える結果になっても）適法な管理行為にあたるというケースもあり得るとしている（部会21回会議録27頁）。さらに、実務で用いられることがある共有者間の賃貸借という法形式について、部会では一般的に賃貸借ではなく、借地借家法の適用もないと整理されているため、今後「持分賃貸借契約等」の形で締結される契約が増えるかもしれないと指摘され、この点を逆手にとって、借地又は借家を希望する者に微小な共有物持分を譲渡し、潜脱的な契約が出現する可能性が指摘されている（荒井Ｑ＆Ａ345頁➡対応策も提言されている）。

*52 なお、部会資料27の本文2（1）④は、後段で、「契約でこれより長い期間を定めたときであっても、その期間は当該各号に定める期間とする。」としていたが、これでは、持分の価格の過半数を有する土地の共有者が、存続期間を30年と定めて建物の所有を目的とする土地の賃貸借をした場合であっても、5年間を限度に建物所有目的の土地賃貸借が有効に成立するかのように読めてしまい、混乱が生ずることになる。そこで、本資料では、後段を削除している（部会資料40、4頁）。➡この契約が無効となるという説明に対して、借地権設定という物権法上の効果が認められないだけであり、他人物売買と同様契約自体は有効に成立すると解すべきとの見解がある。したがって賃貸人は目的物を引渡義務、使用収益させる義務があるという（荒井Ｑ＆Ａ70頁）。➡すなわち損害賠償が問題となる。

*53 普通借家権は借地借家法の適用があるため、共有者全員の同意が必要だが、定期借家契約（借地借家38）、取壊し予定の建物賃貸借（同39）、一時使用目的の建物賃貸借（同40）は持分価格の過半数で設定可能。借地借家法38条2項の説明をしなかった場合は定期借家契約は普通借家契約になるが、この場合は契約自体が無効になるという。

・82・

**Q9** Q8②イに関する規律の当初の案では、共有物の管理に関する事項を決することについて意見を述べない者がある場合には、裁判所の決定によることなく、その者以外の共有者の過半数によりこれを決することができることが提案されていましたが、裁判所が関与する仕組みにしたのは何故ですか。

➡部会資料56・7頁、部会資料51・7頁

**A9**

　部会資料51（第2の4）では、共有物の管理に関する事項を決することについて意見を述べない者がある場合には、裁判所の決定によることなく、その者以外の共有者の過半数によりこれを決することができることが提案されていました。

　もっとも、この規律は、実質的には、明確な意思表示がない共有者について、他の共有者の過半数の意見に賛同しているものと同様に扱うものであり、その手続は慎重であるべきとも考えられるため、改正民法252条1項では、裁判所の決定によるものとすることに改められました。これまでにも、催告を受けた者が意見を述べなかったことをどのように立証するかという実務上の課題があるとの指摘がありましたが、裁判所の決定によって効果を生じさせることとすることにより、より安定的な運用が可能になるものと解されます*54。

　なお、この仕組みを利用する際には、基本的に、まず当事者である共有者が他の共有者に対して意見を尋ねた上で利用すべきであるし（実際上も、そのような手順を踏むことなく、いきなり裁判所を利用するとは考え難い。）、他の共有者にとっても、共有者間の調整を経ずに唐突に裁判所から意見を求められるような事態は望ましくないと解されます。

　そのため、この仕組みの要件として、①まず共有者が他の共有者に対し催告をしても賛否が明らかにされないことを要求した上で、非訟事件手続法85条2項二及び三のとおり、裁判をする前に、裁判所から他の共有者に対して賛否を明らかにするように求め、それによっても賛否が明らかにされない場合に裁判をすることとしています。

　また、共有者が他の共有者に対して催告をする際に定める期間については、後

---

*54 共有物の変更・管理に関する意思決定の分母から所有者等不明共有者などを除外する制度である。①分母から除外と②みなし同意の違いは次のように説明されている。例えば、甲・乙・丙が3分の1ずつ持分を有する共有物について、甲が共有物の変更を伴わない狭義の管理について催告を実施し、乙が無回答、丙が反対のケースでは、①では「否決」となり、②では「可決」となって結論が変わる。丙が手続を実施すれば、丙が過半数を形成し、手続きをを実施するたびに結論が変わり制度が不安定化するという批判がある（荒井Ｑ＆Ａ78頁）。

に裁判所が改めて催告をすることを踏まえて、解除などと同様に明確な下限は設けないものとしていますが、基本的には返答に応じるのを検討する期間であり、解除の際と同様に2週間程度を要することになると考えられます。

---

非訟事件手続法

　（共有物の管理に係る決定）

第85条

1（略）

2　前項第一号の裁判については、裁判所が次に掲げる事項を公告し、かつ、第二号の期間が経過した後でなければ、することができない。この場合において、同号の期間は、一箇月を下ってはならない。

一　当該共有物について前項第一号の裁判の申立てがあったこと。

二　裁判所が前項第一号の裁判をすることについて異議があるときは、当該他の共有者等（民法第251条第2項（同法第264条において準用する場合を含む。）に規定する当該他の共有者、同法第252条第2項第一号（同法第264条において準用する場合を含む。）に規定する他の共有者又は同法第252条の2第二項（同法第264条において準用する場合を含む。）に規定する当該共有者をいう。第6項において同じ。）は一定の期間内にその旨の届出をすべきこと。

三　前号の届出がないときは、前項第一号の裁判がされること

---

**共有物の管理者**

**Q10　共有物の管理者に関しどのような見直しがなされましたか。**

**A10**

共有物の管理者について、次のような規定が設けられました。

①共有者は、Q8で説明した規定により、共有物を管理する者（②から⑤までにおいて「共有物の管理者」という。）を選任し、又は解任することができる（改正民法252条1項）。

②共有物の管理者は、共有物の管理に関する行為をすることができる。ただし、共有者の全員の同意を得なければ、共有物に変更（その形状又は効用の著しい変更を伴わないものを除く。③において同じ。）を加えることができない（改正民法252条の2第1項）。

③共有物の管理者が共有者を知ることができず、又はその所在を知ることができないときは、裁判所は、共有物の管理者の請求により、当該共有者以外の共有者の同意を得て共有物に変更を加えることができる旨の裁判をすることができる（同条2項）。

④共有物の管理者は、共有者が共有物の管理に関する事項を決した場合には、これに従ってその職務を行わなければならない（同条3項）。

⑤④の規律に違反して行った共有物の管理者の行為は、共有者に対してその効力を生じない*55。ただし、共有者は、これをもって善意の第三者に対抗することができない*56（同条4項）。

**第三者管理者と共有者の関係**

**Q11　第三者を管理者とした場合の管理者と共有者の関係はどうなりますか。**➡部会資料51・10、部会資料41の第4

**A11**

　第三者を管理者とした場合の管理者と共有者との間の委任契約の関係や、共有者の一人を管理者とした場合の管理者と他の共有者との関係については、管理者との間の実際の契約内容等によって最終的に定まることとなると解されるため、特段の規律を置かれていません*57。なお、管理者が管理の実施に要した費用は、管理者とその選任に賛同した共有者との間で委任契約が締結されていることが通常であることから、その契約に基づき、委任契約の当事者である共有者がこれを支払い、その後、民法253条に基づき、他の共有者に求償することになると解される（部会資料41・14頁）。

*55 管理者が共有物の利用方法等に関して共有者の定めに反する行為をした場合には、共有者がその利用方法を否定できることを意味する（部会資料41・14頁）。

*56 共有者間の定めに反して管理者が第三者に共有物を賃貸した場合、第三者が善意である場合には、その使用は適法となる（部会資料41・14頁）。

*57 管理者を選任した共有者と管理者の関係については議論があり、委任契約の効力は反対者には及ばないと解されるが、管理者が行った行為は否定できない。部会ではこの点を一種の物権関係である「管理者選任関係」として説明しようとしたが、最終的に法制化はされなかった。

# Q12 変更・管理の決定の裁判の手続について説明して下さい。

## A12

　変更・管理の決定の裁判の手続について、次のような規定が設けられました（非訟手続法85条）。

①②以下の裁判は共有物の所在地を管轄する地方裁判所の管轄とする（同条1項）。

②裁判所は、次に掲げる事項を公告し、かつ、イの期間が経過しなければ、ⅰ）共有者が他の共有者を知らない場合の共有物に変更を加える裁判、ⅱ）共有者が他の共有者の所在を知らない場合等の共有者の請求による共用物の管理に関する事項を決する裁判、及び管理者が共有者を知らない場合の共有物に変更を加える裁判をすることができない。この場合において、イの届出期間は、1箇月を下ってはならない。

　ア　当該財産についてこの裁判の申立てがあったこと。

　イ　裁判所がこの裁判をすることについて異議があるときは、当該他の共有者等*58は一定の期間までにその旨の届出をすべきこと。

　ウ　イの届出がないときは、裁判所がこの裁判をすること。

③裁判所は、次に掲げる事項を他の共有者に通知し、かつ、イの期間が経過しなければ、改正民法252条2項の規定による共有物の管理に関する裁判をすることができない。この場合において、イの期間は、1箇月を下ってはならない（同条3項）。

　ア　当該財産についてこの裁判の申立てがあったこと。

　イ　他の共有者は裁判所に対し一定の期間までに共有物の管理に関する事項を決することについて賛否を明らかにすべきこと。

　ウ　イの期間内に他の共有者が共有物の管理に関する事項を決することについて賛否を明らかにしないときは、裁判所がこの裁判をすること。

④イの期間内に裁判所に対し共有物の管理に関する事項を決することについて賛否を明らかにした他の共有者があるときは、裁判所は、その者に係る共有物管理の裁判をすることができない（同条4項）。

---

*58 民法第251条第2項（同法第264条において準用する場合を含む。）に規定する当該他の共有者、同法第252条第2項第1号（同法第264条において準用する場合を含む。）に規定する他の共有者又は同法第252条の2第2項（同法第264条において準用する場合を含む。）に規定する当該共有者をいう。第6項において同じ。

**裁判による共有物の分割**

**Q₁₃ 裁判による共有物分割に関する見直しについて教えて下さい。**

……**A₁₃**……

民法第258条の規定は次のように改正されました*59。

①共有物の分割について共有者間に協議が調わないとき*60、又は協議をすることができないときは、その分割を裁判所に請求することができる。

②裁判所は、次に掲げる方法により、共有物の分割を命ずることができる。

　ア　共有物の現物を分割する方法

　イ　共有者に債務を負担させて、他の共有者の持分の全部又は一部を取得させる方法*61

③②に規律する方法により共有物を分割することができないとき、又は分割によってその価格を著しく減少させるおそれがあるときは、裁判所は、その競売を命ずることができる。

④裁判所は、共有物の分割の裁判において、当事者に対して、金銭の支払、物の引渡し、登記義務の履行その他の給付を命ずることができる*62。

**Q₁₄ 改正民法258条2項二（Q13②イ）が「賠償分割」について「共有者に債務を負担させて…」と規定したのは何故ですか。**
➡部会資料51・11頁

……**A₁₄**……

　賠償分割について、部会資料47②イのように「金銭を支払わせて、その持分を取得させる方法」とすると、金銭の支払が持分取得の条件となるとの誤解を生じさせるおそれがあるため、改正民法258条2項二においては、「共有者に債務を負

---

*59 旧法下では、判例法理において条文にない規律が示されていたが、改正法では判例の法理を明確化し、(1) 事前協議の位置づけの明確化、(2) 遺産分割の規律の明確化及び (3) 給付命令の規律の明確化が図られた。

*60 現実に協議した上で不調に終わった場合だけでなく、共有者の一部に共有物分割の協議に応ずる意思がないため共有者全員において協議をなし得ない場合も含むとしていた点を明確化するものである（中間試案補足説明28頁）。

*61 最判平成8年10月31日の考え方を明文化したもの（中間試案補足説明28頁）。この判例では賠償分割の判断基準が示されている。

*62 遺産分割に関する家事事件手続法196条を参考にしたもので、この規律により、裁判所は、職権で給付命令を発することができる。給付命令の内容として登記義務を命じられた場合、共有不動産を取得した共有者は、不動産登記法63条1項に基づいて単独で登記申請することができる（部会資料37・6頁）。

担させて、他の共有者の持分の全部又は一部を取得させる方法」とすることとしたものです。

相続財産の共有物分割への対応〜特則

**Q15** 相続財産に属する共有物の分割の特則について解説して下さい。

**A15**

広義の共有は、

①狭義の共有*63

　ア　通常共有

　イ　遺産共有

②合有

③総有

と分類されます。

旧法では、遺産共有持分と通常共有持分とが並存する共有物については、遺産分割と共有物分割訴訟との両方を行わなければ、遺産共有持分の分割（遺産分割の解消）ができませんでしたが、改正法では、相続開始から10年を経過した場合には、相続人から異議等がなければ、共有物分割訴訟により遺産共有持分の分割ができる下記の特則が設けられました（改正民法258条の2）。

①共有物の全部又はその持分が相続財産に属している場合、共同相続人間でその共有物の全部又はその持分について遺産の分割をするときは、その共有物又はその持分についてQ13で解説した裁判による分割をすることができない*64（同条1項）。

---

*63 被相続人Aが賃貸人だった建物の賃料がAの指定預金口座に振り込まれていた場合の預金は遺産共有になり（平28.12.19）、相続開始後の賃料は各相続人の通常共有になる（最判平17.9.8）。もっとも賃料が相続開始後にAの指定口座に振り込まれた場合には入金された金額の合算された預金債権が遺産共有になると考えられている（最判平28.12.19鬼丸判事補足意見・平成28年判例解説）。賃料の振込先の変更は狭義の管理行為か変更行為かについては争いがある。相続財産管理人の権限が非相続財産部分に及ぶのか、Aの口座を解約して管理人の口座に移した場合もどうなるのかについては定説がない。以上と関連して過半数を有する共有者の管理行為として新規契約締結がでくるのかの問題（3年以内の定借であれば締結できるのか）や賃料の変更がなし得るのか、解除、立退き等はどのように行うのか等の問題がある（荒井Q＆A301頁以下を参照）。

*64 「分割をすることができない」の意味は、裁判所が共有物分割訴訟の判決の中で遺産共有を解消させることができないという趣旨で理解すべきであり、共有物分割訴訟が提起できないという趣旨で理解すべきではない。上記平成25年判決も通常共有と遺産共有を分割する手段として共有物分割訴訟の提起を前提としたものである。

②共有物の持分が相続財産に属している場合、相続開始の時から10年を経過したときは、①の規律にかかわらず、相続財産に属する共有物の持分についてQ13で解説した裁判による分割をすることができる。ただし、その共有物の持分について遺産の分割の請求があった場合において、相続人がその共有物の持分についてQ13で解説した裁判による分割をすることに異議の申出をしたときは、その裁判による分割はできない（同条2項）。

③相続人が②の異議の申出をする場合には、その申出は、その相続人がQ13で説明した規律による請求を受けた裁判所からその請求があった旨の通知を受けた日から2箇月以内に同裁判所にしなければならない（同条3項）。

相続開始　10年間　　　【遺産分割】

| 遺産分割 | 共有物分割対象となる |
|---|---|
| 共有物分割対象の対象外 | 但し、共有物分割の請求から |

　　　　　　　　　　　　　　↓　2カ月以内に異議があれば対象外となる。

※然し、最判H25.11.29は、　　↓

共　有（全　体）

| 遺産共有部分 | |
|---|---|
| D所有 | 甲相続人ABC遺産共有 |

## （上記図の説明）

①10年経過前は、共有全体の分割は共有物分割手続きであるが、<u>遺産共有部分は、遺産分割の対象である</u>。共有全体の分割における「遺産分割部分の賠償金」は、遺産分割により帰属が確定されるべきである➡甲相続人いずれかの現金として、遺産分割の対象となる。

②10年経過後は、遺産共有部分は、遺産分割手続（家庭裁判所で遺産全体の分割の中で分割）で分割するか又は共有物分割手続で分割（地方裁判所で共有物部分を分割の中で分割）するかを選択できることになりました。但し、共有物分割を選択した場合には民法906条に従って遺産全体を総合的把握して遺産分割をすることはできず、配偶者居住権の設定もできないというデメリットもあります。

**Q16** Q15で説明した改正民法258条の2第1項は何故規定されたのですか。➡部会資料51・11頁

**A16**

　法制審議会の議論では、現在の判例の理解（共有物分割請求訴訟に係る判決では遺産共有の解消をすることができない）を基本的に維持した上で、2項ではその例外を定めたわけですが、そのような例外を規定するためには、現在の判例の理解を原則として維持することを示さざるを得ないため、同条第1項では、その旨を明示したものです。

 **Q17** 部会資料51（第2の8）では、Q15で説明した改正民法258条の2第3項について当初の案では、「通知を受けた日（当該相続人が同項の規定による請求をした場合にあっては、当該請求をした日）」としていたのを、（　）部分を削除した理由はどこにありますか。

**A17**

　部会資料51の案は、共有物分割の請求をした相続人が、遺産分割の対象となっている共有物の持分の分割を希望しないことがあることを前提に、その相続人が異議の申出をすることを想定したものでした。

　もっとも、共有物分割の請求をした相続人は、遺産分割の対象となっている共有物の持分の分割を希望しない場合には、請求（訴状）の中で、その旨を述べることができるし、自ら共有物分割の請求を選択している相続人に、あえて法的に異議の申出権まで認める必要はないと考えられます。

　そのため、共有物分割の請求をしている相続人には異議の申出権を認めないことを前提に、規律を改めたものです。

　なお、上記のとおり、いずれにしても、共有物分割の請求をした相続人が、遺産分割の対象となっている共有物の持分の分割を希望しない場合には、請求（訴状）の中で、その旨を述べることができますが、これを受けた裁判所としては、被告となった相続人の希望も踏まえて事案ごとに判断することにはなるものの、特段の事情がなければ、原告の希望に沿って分割することになるのではないかと思われます（通常の共有物分割においても、裁判所は、一部のみを分割し、一部の共有関係を存置させることができますが、②本文に従って遺産分割の対象となっている共有物の持分を分割できるケースであるとしても、裁判所は、その裁量で、遺産分割の対象となっている共有物の持分の分割はしないとすることもできると解されます。）。

　なお、2項は、相続開始の時から10年を経過した後に共有物分割の請求をした場合に限って適用されることを前提としており、3項も同様の前提に立っています。遺産分割の対象となっている共有物の持分の分割をすることができないことを前提に訴訟が進行していたにもかかわらず、時間の経過により遺産分割の対象持分の分割も可能となったとしてそれまでの審理等を無駄にすることは許容し難いと思われます。また、10年経過後の共有物分割請求に限ってこれらの規律を適用することとしても、10年経過前に共有物分割請求訴訟をする当事者は、遺産分割の対象持分の分割をすることができないことを前提として訴訟を追行することを選択したとも考えられるため、直ちに不当とはいえないと解されます。

**所在等不明共有者の持分の取得～改正民法と非訟事件手続法**

**Q18　所在等不明共有者の持分の取得について説明して下さい。**

　旧法では、所在等不明共有者がいる場合に共有関係を解消するには、共有物分割訴訟等の手続が必要でしたが[65]、所在等不明共有者の持分の取得について、改正法では裁判所の関与のもとに、次のような規定が設けられました（改正民法262条の2）[66]。

## (1) 要件等

　①不動産が数人の共有に属する場合において[67]、共有者が他の共有者を知ることができず、又はその所在を知ることができないときは[68]、裁判所は、共有

---

[65] 共有物分割訴訟等で所在等不明共有者の持分を他の共有者が取得するか、所在等不明共有者のために不在者財産管理人の選任を申立て、不在者財産管理人から共有物の売却に係る同意を得る必要がある。

[66] この制度ではメガ共有地の解消には役立たないとの指摘があります。また、抜本的に解消し得る「共有物分割訴訟」も必要的共同訴訟であるなど、手続的負担が重く、青森地判昭和59年12月18日判タ548号199頁は、287名の被告に対し、10年経過しても適法に第1回口頭弁論期日が開かれなかったことから訴えが却下されている（荒井Q＆A97頁）。

[67] 不動産が数人の共有に属する場合」には、通常共有の場合だけではなく遺産共有の場合も含むが、相続開始の時から10年を経過していないときは、裁判所は、所在等不明者の持分取得決定をすることはできない（上記③改正民法258条の2第3項で明文化されている。）

[68] 具体的定義規定が設けられなかったため、裁判所が事案に応じて認定することになる（部会資料56・9頁、同30・14頁）。なお、第7章Q4①を参照。共有者の一人が死亡し、相続人が不分明な場合も所在等不明共有者に該当すると考えられる（部会資料30・15頁）。この場合、特別縁故者の保護が問題になるが、特別縁故者は、持分を取得した後に相続財産法人が取得する供託金返還請求権を分与を受けることができると考えられる（部会資料30・15頁）。

者の請求により、その共有者に、その他の共有者（以下「所在等不明共有者」という。）の持分を取得させる旨の裁判[69]をすることができる[70]。この場合において、請求をした共有者が2人以上あるときは、請求をした各共有者に、所在等不明共有者の持分を請求した各共有者の持分の割合で按分してそれぞれ取得させる（同条1項）。

②①の請求があった持分に係る不動産についてQ13①（改正民法258条1項）の規律による請求又は遺産の分割の請求があり、かつ、所在等不明共有者以外の共有者が①の請求を受けた裁判所に①の裁判をすることについて異議がある旨の届出をしたときは、裁判所は、①の裁判をすることができない（同条2項）。

③所在等不明共有者の持分が相続財産に属する場合（共同相続人間で遺産の分割をすべき場合に限る。）において、相続開始の時から10年を経過していないときは、裁判所は、①の裁判をすることができない（同条3項）[71]。

④共有者が所在等不明共有者の持分を取得したときは、所在等不明共有者は、当該共有者に対し、当該共有者が取得した持分の時価相当額の支払を請求することができる（同条4項）。

⑤①から④までの規律は、不動産の使用又は収益をする権利（所有権を除く。）が数人の共有に属する場合について準用する（同条5項）。

## (2) 手続等（非訟事件手続法87条）

①裁判所は、次に掲げる事項を公告し、かつ、イ、ウ及びオの期間が経過しなければ、(1)①の裁判をすることができない。この場合において、イ、ウ及びオの期間は、3箇月を下ってはならない。

　ア　所在等不明共有者の持分について(1)①の裁判の申立てがあったこと。

　イ　裁判所が(1)①の裁判をすることについて異議があるときは、所在等不明共有者は一定の期間までにその旨の届出をすべきこと。

　ウ　(1)②の異議の届出は、一定の期間までにすべきこと。

　エ　イ及びウの届出がないときは、裁判所が(1)①の裁判をすること。

---

[69] この決定により共有物の譲渡の効力が生ずるものではない（部会資料30・25頁）。また、この決定は、所在不明共有者以外の共有者全員が自己の持分を譲渡することが停止条件となっている。

[70] 申立共有者は、当該取得を原因とする共有持分の移転登記を単独で申請することができると解されている。関連通達が出される予定。

[71] 10年が経過した後は、利用が可能になるものの、遺産分割の請求があり、かつ、他の相続人から異議の申出があった場合は遺産分割が優先する。

オ　（1）①の裁判の申立てがあった所在等不明共有者の持分について申立人以外の共有者が（1）①の裁判の申立てをするときは一定の期間内にその申立てをすべきこと。

②裁判所は、①の公告をしたときは、遅滞なく、登記簿上その氏名又は名称が判明している共有者に対し、①（イを除く。）の規律により公告すべき事項を通知しなければならない。この通知は、通知を受ける者の登記簿上の住所又は事務所に宛てて発すれば足りる。

③裁判所は、①ウの異議の届出が①ウの期間を経過した後にされたときは、当該届出を却下しなければならない。

④裁判所は、（1）①の裁判をするには、申立人に対して、一定の期間内に、所在等不明共有者のために、裁判所が定める額の金銭を裁判所の指定する供託所に供託[*72]し、かつ、その旨を届け出るべきことを命じなければならない。この裁判に対しては、即時抗告をすることができる。

⑤裁判所は、申立人が④の規律による決定に従わないときは、その申立人の申立てを却下しなければならない。

⑥（1）①の裁判の申立てを受けた裁判所が①の公告をした場合において、その申立てがあった所在等不明共有者の持分について申立人以外の共有者が①オの期間が経過した後に（1）①の裁判の申立てをしたときは、裁判所は、申立人以外の共有者による（1）①の裁判のその申立てを却下しなければならない。

　（注）（1）①の裁判に係る事件は、当該裁判に係る不動産の所在地を管轄する地方裁判所の管轄に属するものとするなど、裁判所の手続に関しては所要の規定を整備する。

**Q19**　非訟手続法87条5項（Q18（2）④）の供託金の算定方法はどのようなものですか。➡部会資料56・12

**A19**

　これまでにも議論があったとおり、裁判所は、基本的には、所在不明共有者の持分の時価に相当する額を供託すべき額として定めることになると考えられます。裁判所においては、事案に応じて、不動産鑑定士の評価書や、固定資産税評価証明書、不動産業者の査定書などの証拠をもとに判断されるものと考えられま

---

[*72] 改正後の262条の2第4項の時価相当額の請求権は、供託額にかかわらず、客観的な時価を基準に成立することから、供託額が時価相当額請求権の額に充たない場合には、その差額を請求することができる（最終的な額は、裁判所が決めることになる。部会資料41・8頁）。

す（同様の問題は、非訟手続法88条2項の所在等不明共有者の持分の譲渡における供託においても問題となりますが、これまでの会議においては、この譲渡においては、第三者への売却見込額も斟酌すべきとの意見があったところです。）。

　また、持分の時価相当額を算定するにあたっては、当該持分の割合が定まらなければなりませんが、これまでも議論がされていたとおり、共有者を知ることができない（共有者を特定することができない）ケースの中には、共有持分の割合や、そもそも、共有者の総数が全くわからないケースもあり得ます。こういったケースにおいては、この供託の規定が所在等不明共有者の利益を確保するものであることからすると、基本的には、申立人に不利益な方向で認定をした上で、供託金の額を定めることになるように思われます。例えば、請求をした共有者以外の共有者を特定することができないケースでは、共有者の総数を特定することができない以上、土地全体の額を供託の額としたり、各共有者の持分は相等しいものと推定されることを前提に、少なくとも、共有者は請求をした共有者と不特定共有者の2人がおり、特定共有者の持分は2分の1であるとして金額を算定したりすることもあり得ると思われます。なお、共有減価の考え方と問題点については荒井Ｑ＆Ａ119頁に詳しい解説がある。

**所在等不明共有者の持分譲渡**

# Ｑ20　所在等不明共有者の持分の譲渡について説明して下さい。

## Ａ20

　所在等不明共有者の持分の譲渡について、次のような規定が設けられました（改正民法262条の3）。

## (1) 要件等

①不動産が数人の共有に属する場合において、共有者が他の共有者を知ることができず、又はその所在を知ることができないときは、裁判所は、共有者の請求により、その共有者に、当該他の共有者（以下「所在等不明共有者」という。）以外の共有者の全員が特定の者に対してその有する持分の全部を譲渡することを停止条件として所在等不明共有者の持分を当該特定の者に譲渡する権限を付与する旨の裁判をすることができる。

②所在等不明共有者の持分が相続財産に属する場合（共同相続人間で遺産の分

割をすべき場合に限る。）において、相続開始の時から10年を経過していないときは、裁判所は、①の裁判をすることができない。

③①の裁判により付与された権限に基づき共有者が所在等不明共有者の持分を第三者に譲渡したときは、所在等不明共有者は、譲渡をした共有者に対し、不動産の時価相当額を所在等不明共有者の持分に応じて按分して得た額の支払を請求することができる。

④①から③までの規律は、不動産の使用又は収益をする権利（所有権を除く。）が数人の共有に属する場合について準用する。

## (2) 手続等

①Q18で説明した（2）①ア、イ及びエ、④及び⑤の規律は、上記（1）①の裁判に係る事件について準用する（非訟事件手続法88条2項）。

②所在等不明共有者の持分を譲渡する権限の付与の裁判の効力が生じた後2箇月以内にその裁判により権限に基づく所在等不明共有者の持分の譲渡の効力が生じないときは、その裁判は、その効力を失う*73。ただし、この期間は、裁判所において伸長することができる（同条3項）*74。

　（注）（1）①の裁判に係る事件は、当該裁判に係る不動産の所在地を管轄する地方裁判所の管轄に属するものとするなど、裁判所の手続に関しては所要の規定を整備する。

**Q21　非訟手続法88条3項（Q20（2）③）が「権限の付与の裁判の効力が生じた後」とした趣旨を教えて下さい。**

**A21**

　部会資料51では、起算点を「事件の終了した日」としていましたが、裁判がされた場合に、その裁判の日が起算点であるのか、それとも即時抗告期間の経過した日が起算点であるのかが判然としないため、裁判の効力が生じた日としたものです。なお、所要の規定の整備として、第1項の裁判は、裁判が確定しなければその効力を生じない旨の規定を置くことを想定しています。

---

*73　申立権者は、譲渡の効力をその終期までに有効に生じさせる必要があり、停止条件の成就（他の共有者の譲渡の効力も発生）も、上記の期間の終期までに完了させる必要がある。他方で持分移転登記は、この終期までに行われる必要はない（部会資料51・16頁）。

*74　伸長はあくまで例外的に認められるものである。期間が伸長され、権限の行使期間が長期になると、事情の変更により、供託した金額が相当でなくなるケースもあり得るためである（部会資料51・16頁）。

**Q22** 相続財産についての共有に関する規定の適用関係について説明して下さい。

**A22**

　相続財産についての共有に関する規定の適用関係について、次のような規定が設けられました（改正民法898条2項）。

　相続財産について共有に関する規定を適用するときは、民法第900条（法定相続分）、901条（代償相続人の相続分）、第902条（遺言による相続分）の規定により算定した相続分をもって各相続人の共有持分とする。

**Q23** Q22で説明した改正民法898条2項が新設された趣旨を教えて下さい。➡部会資料51・17頁、部会資料56・15

**A23**

　部会資料42の第3では、遺産共有において持分の価格の過半数で決する際には法定相続分（又は指定相続分）を基準とすることとしていました。また、部会資料42の第1の3及び4では、所在等不明相続人の共有持分の取得又は譲渡を可能とする規律を導入することを提案していましたが、その対象となる共有持分の割合は、法定相続分又は指定相続分の割合によることとしていたからです。

　判例によれば、基本的に、遺産共有にも、民法第249条以下の規定が適用されるところ、部会資料42で掲げた規律以外にも、その基準となる持分が問題となるため、従前の議論を踏まえ、本文では、相続財産について共有に関する規定を適用するときは、民法第900条から第902条までの規定により算定した相続分をもって各相続人の共有持分とすることとしています。

　なお、現行法においても、共有に関する規定は、原則として、遺産共有にも適用されると解されているものの、その旨を明示的に定める規定はないため、改正民法898条2項では、新たに設ける共有に関する規律が、原則として遺産共有にも適用される旨を記載し、たものです（部会資料42の第3）。

# 隣地所有者による利用・管理の方策

**Q1** 隣地所有者による利用・管理の方策の新制度の全体像を図示して下さい。

**A1**

| 隣地等の利用・管理の円滑化（1） | 相隣関係等の見直し |
|---|---|
| ▶所在等不明の場合に対応困難 | **隣地使用権（民209）**<br>○隣地使用の要件の明確化、法的性質について一定の要件が整えば発生する使用権構成にし、事前通知の相手方については隣地の所有者及び隣地使用者に明文化し、所在等不明（所有者不明、所在不明）の場合は事後通知でもよく公示送達が必須ではなくなった。 |
| ▶隣地使用権の法的性質が承諾請求権か形成権か明確でなく裁判例も分かれていた | |
| ▶ライフラインの導管等を隣地に設置することの根拠規定がなく、土地の利用を阻害 | **継続的給付を受けるための設備設置権及び設備使用権**<br>○ライフラインの設備設置権等の規律の整備（民213の2）<br>他の土地を利用しなければライフラインを自己の土地に引き込むことができない土地について、ライフラインを自己の土地に引き込むための導管等の設備を他人の土地に設置する権利、他人の設備を使用する権利を明確化し、所在等不明の場合は公示による意思表示による通知をすることで工事が可能となった。<br>➡ライフラインの引き込みを円滑化し、土地の利用を促進する。 |
| ▶枝の切除請求訴訟が必須で煩雑 | **隣地竹木枝の切除及び根の切り取り等（民233）**<br>○竹木所有者に対して枝の切除を求めることを原則としつつ、例外的に、催告し相当期間内に切除しない場合、竹木所有者が不明または所在不明の場合、急迫の事情がある場合には、訴訟経ずに切除できるようになった。 |
| ▶鉄道運行に支障 | |
| ▶所有者が判明しても、土地や建物が管理されないことによって荒廃し、危険な状態になることもある | ○管理不全土地・建物の管理制度の創設（民264の9、264の14）→第8章<br>所有者が土地・建物の管理に無関心なため放置していることで他人の権利が侵害されるおそれがある場合に、裁判所による管理人の選任を可能にする制度を創設する。<br>➡管理不全化した土地・建物の適切な管理が可能になる。 |

**Q2** 「隣地所有者」による利用・管理の方策としての「相隣関係規定の見直し」について説明して下さい。

 **A2**

　相隣関係の隣地使用権（改正民法209条）、竹木の枝の切除等（同233条）の規定が改正されました。

 **Q3** 相隣関係の隣地使用権はどのように改正されましたか。

**A3**

隣地使用権に関する民法第209条が次のように改正されました。

①土地の所有者は、次に掲げる目的[75]のため必要な範囲内で、隣地を使用することができる。ただし、住家[76]については、その居住者の承諾がなければ[77]、立ち入ることはできない。

　ア　境界又はその付近における障壁、建物その他の工作物の築造、収去又は修繕

　イ　境界標の調査又は境界[78]に関する測量

　ウ　Q27③（民233③）の規律による枝の切取り[79]

②①の場合には、使用の日時、場所及び方法は、隣地の所有者及び隣地を現に使用している者（③及び④において「隣地使用者」という。）のために損害が最も少ないものを選ばなければならない。

③①の規律により隣地を使用する者は、あらかじめ[80]、その目的、日時、場所及び方法[81]を隣地の所有者及び隣地使用者に通知しなければならない。ただし、あらかじめ通知することが困難なときは、使用を開始した後、遅滞なく、

---

[75] 自力救済の誘発防止の観点から限定列挙と解すべきとされている（荒井Q＆A159頁）。

[76] 「住家」の解釈は旧法下では限定的に解釈されており、建物の屋上部分や非常階段などは「住家」にあたらない（東京地判平成11年1月28日判タ1046号167頁）。また、建物に長期間誰も居住していないなど、おおよそ居住の実態がない場合も住家にあたらない（令和3年3月24日衆議院法務委員会政府参考人）。

[77] 判決をもって承諾に代えることはできない（部会資料46・3）。

[78] 筆界ではなく所有権界を指す（中間試案補足説明94頁）。

[79] 竹木の地盤面と越境された土地の地盤面とに高低差がある斜面地等では、竹木の存する土地に入らなければ枝を切除することができない点を踏まえたもの（中間試案補足説明94頁）。

[80] 「あらかじめ」とは、使用目的・方法等に鑑みて隣地の所有者及び隣地使用者が隣地使用権の行使に対する準備をするのに足りる合理的な期間をおいて、という意味において（部会資料55・2頁）。

[81] 例えば、建物の建築のために隣地に足場を組む場合には、組立ての施工方法を全て詳細に伝える必要はないが、隣地のどの部分に足場を組むかという使用方法の概要は伝える必要がある（部会資料55・2頁）。

通知することをもって足りる。

④①の場合において、隣地の所有者又は隣地使用者が損害を受けたときは、その償金を請求することができる。

**Q4** 隣地の所有者が不明であるため事前の通知が困難である場合、通知を公示送達\*82する必要がありますか

➡部会資料59・3頁、部会資料58第1の1と同じである。

**A4**

　改正民法209条3項は、「隣地を使用する者は、あらかじめ、その目的、日時、場所及び方法を隣地の所有者及び隣地使用者に通知しなければならない。ただし、あらかじめ通知することが困難なときは、使用を開始した後、遅滞なく、通知することをもって足りる。」と規定していますが、隣地所有者が不明であったり、所在不明な場合にいわゆる公示送達をする必要があるかが問題になりますが、結論としては必要でないとされています。それは、改正民法209条3項ただし書において事後通知の規律を設ける趣旨は、隣地の使用状況を報告する（把握させる）点にあるので、実際に隣地の所有者が不明であり事前の通知をすることが困難である場合には、隣地の使用後、隣地の所有者が判明したときに通知をすれば足りることとされたからです。したがって、通知を公示送達する必要はないということです。

第6章

---

\*82 この公示送達とは、相手方を知ることができない場合や、相手方の住所・居所がわからない人、相手方が海外に住んでいてその文書の交付の証明が取れないときなどに、法的に送達したものとする手続きのことをいいます。
日本では民法第98条に公示による意思表示の方法が定められており、民事訴訟法の規定を適用することとなっています。民事訴訟法では、第110条以下にその要件・方法等が示されています。一般の手紙などの文書を公示送達で送ったことにする場合は、簡易裁判所において意思表示の公示送達の申立を行います。この場合、相手方が不明の場合は申立者の住所地の簡易裁判所、相手方の所在が不明の場合は相手方の最後の住所地の簡易裁判所が申立先になる（民法第98条第4項）。公示送達の文書は、裁判所に一定期間掲示され、かつ、その掲示があったことを官報に少なくとも1回掲載することで送達されたものとみなされる。ただし、裁判所は官報への掲載に代えて、市区町村役場またはこれに準ずる施設に掲示すべきことを命ずることができます（民法第98条第2項）

**Q5** 旧法の隣地を使用する場合「承諾を求めることができる。」としていたのを、新法では「使用することができる。」としたのは何故ですか。➡部会資料51・1頁、同52・1頁及び令和3年3月30日付け衆議院法務委員会政府参考人発言)。

**A5**

　第1に、相隣関係は近隣の土地等の所有者間の権利関係を調整するものであり、一定要件を満たせば、隣地使用ができる状態になっているものと解されるからです。

　第2に、所在等不明の場合にうまく対応するためには、承諾請求権では説明が難しいからです。この点、法制審議会の中間試案では、承諾請求権を維持しつつ、所在等不明な場合や通知期間内に異議がない場合には使用できる案が提案されていました。しかし、承諾に変わる判決もなく、承諾が推定される場面でもないのに、なぜ隣地を使用できるのか説明が難しいとされた結果、「使用することができる」という、いわば使用権構成へ法的構成を変更させたのです。

**Q6** 「使用することができる」という文言となったことにより、隣地所有者がたとえ反対していたとしても、隣地使用ができるようになったのでしょうか。

**A6**

　いいえ。自力執行が禁止されていることは変わりません。

　「使用することができる。」との構成をとったとしても、隣地所有者等が隣地使用に対する妨害行為等を行い、これを排除しなければ権利を実現することができないケースでは、裁判所の判決を得ることなく私的に実力を行使して排除することは認められません。

　バリケードを作るなど積極的妨害行為にまで至らない単なる反対の意思表明があった場合や、無反応な場合も含め、承諾が推定されないケースにおいても、やはり門扉を開けたり、塀を乗り越えたりして隣地に立ち入ることは、生活の平穏を害するため、違法な自力救済にあたり許されないと解されます（部会資料52・2頁）。

　このようなケースでは、妨害行為の差止めの判決を得て権利を実現することになります（部会資料51・4頁）。使用権構成が採用された以上、承諾請求訴訟ではなく、隣地使用権の確認請求訴訟及び妨害禁止請求訴訟が一般的に用いられるこ

ととなると思われます。なお、確認請求訴訟のみでは執行できないので留意が必要です。隣地使用者は立入を認めているが所有者が拒否している場合、誰を被告として訴訟提起するかが問題となるところ、立入を認めていない者のみを被告とすれば足りるように思われます。ただし、後で覆らないとも限らないので、認めている者からは、事実上、承諾書をもらっておくことが考えられます。

## コラム　改正法文どおりの行為は危うい

　改正民法209条1項は、「土地の所有者は、次に掲げる目的のため必要な範囲内で、隣地を使用することができる。ただし、住家については、その居住者の承諾がなければ、立ち入ることはできない。」と規定し、土地の所有者は、隣地所有者等の意向に反しても隣地への立入行為ができるように読めてしまいます。それでは、隣地所有者がたとえ反対しても、また承諾しなくても隣地の使用ができるのでしょうか。

　結論からいうと改正法はそのような行為を許していないのです。むしろ係る行為は住居侵入のような犯罪行為にとわれかねないのです。これを自力救済禁止の法理といい、近代法は、権利有する行為でも法的手続きによらずに自らの力で実現してはならないという考えを採用しています。

　いずれにしても本文中にある解説をよく読んでいただき、無用なトラブルを起こさないように留意をして下さい。同じく同232条3項も「第1項の場合において、次に掲げるときは、土地の所有者は、その枝を切り取ることができる。」と規定しているので、枝の切り取りには一定の要件が必要であり、枝を切除できても越境している部分だけで隣地部分にあるものの切除は許されませんし、隣の木の枝から落下した果実も勝手に食べることは許されません。十分な注意をお願いいたします。

**Q7　隣地使用権の要件を満たしているにもかかわらず、隣地使用を拒否した場合、その拒否行為が不法行為となりますか。**

**A7**

　明らかに隣地使用権の要件を満たしているにもかかわらず、単に、嫌がらせのために拒否しているような場合は、不法行為となり得ます。これに対し、要件自体を争っていたり、要件は一応満たすものの、隣地使用を拒否する合理的な理由があるケース（建築紛争で建築自体を認めない場合に隣地使用を拒否するケース、たとえば、日時において、たまたま庭でパーティーを予定しているとか、留守中

で立ち入ってほしくないなど、都合がつかないケース）では、不法行為は構成しないように思われます（部会資料56・2頁）。

## Q8 隣地使用の通知はなぜ規定されたのですか。通知の相手方は誰ですか。

### A8

　旧法では、承諾を請求するものとされていたので、通知手続は規定されていませんでした。新法では、土地の所有者は、一定の目的のために隣地を使用することができるとする構成とし、改正民法209条3項において、隣地所有者の意向を尊重するために、原則として、あらかじめ隣地の所有者及び隣地を現に使用している者に対して通知しなければならないこととしました。

　学者からは、相隣関係は所有者間の調整の問題であるから、使用者への通知は不要であるとの意見もありましたが、実務からは、隣地使用は、現に使用している者にとって利害関係が強いことや、隣地使用者を調査することは表札等から容易である一方、所有者を調査することは容易でなく、使用者への通知のみで足りるとの見解もありました。隣地使用には、測量、境界標の確認のために構造物の基礎を削る行為が必要な場合もあり、所有者にとっても影響があること等を考慮して、隣地所有者及び隣地使用者を保護する観点から、両者に対して通知することとされました。部会資料では土地所有者、地上権者、賃借人等を指すとされています（部会資料55・3頁➡具体例が整理されている。なお、高松高判昭和49・11・28判タ318号254頁）。なお、「権原に基づき」占有する者とする案もありましたが、賃料不払いで解除され、権原に基づかない賃借人を例に考えると権原を有しているか否かの判断は困難であり、「現に使用している者」となりました（部会資料32・4頁参照）。

## Q9 隣地使用の通知は何を通知すればよいですか。

### A9

　隣地を使用する旨のみならず、隣地使用の日時及び場所を通知します。後者は、立会の機会を与え、無断で隣地が使用されることを防止する観点から、規定されました。

　なお、通知は、隣地使用権の成立要件ではなく、隣地使用を適法に行使するための手続要件とされています（第21回議事録9ページ）。通知なくして行われた隣地使用は違法となります（部会資料52・2頁、令和3年3月24日付け衆議院法務委員会参考人発言）*83。

## Q10　隣地使用権者（主体）の範囲を教えて下さい。

### A10

　土地所有者のほか、地上権者（267条により準用）が含まれます。

　土地賃借人について明文化が検討されたが、学説上争いがあり、当該規律に規定すると、他の相隣関係規定にも追加を検討せざるを得なくるなど、影響が大きいことから、明文化が見送られ、引き続き解釈によることとなりました（部会資料32、3頁）。

### コラム / 解釈に委ねるということ

　部会資料を読んでいると「引き続き解釈に委ねる。」という表現が出てきます。新しいルール・規律を条文化するためにの検討をしたが、新しい規律を正当化する理由が発見できなかった、あるいは意見の一致が認められなかったということで、今後も個々の事案において「解釈に委ねる」ということなのです。

　そもそも法解釈とは国会が作った法律の条文に「すきま」がある場合、妥当性や過去の判例等を勘案して、その「すきま」に妥当な基準を作ることをいいます。解釈は行政機関が行う場合もありますが、裁判の場面ではわれわれ司法の仕事であります。解釈に争いがある場合には最高裁判所が最終決着をつけますから、法解釈は三権分立の場であります。また、自動車ハンドルの遊びのように法運用の脱線事故を防ぎます。その意味で法解釈はわれわれ司法の腕の見せ所であり、活動の場ですから大歓迎です。

---

*83 隣地使用者の対抗手段については部会資料55・3頁参照。

**Q11** 隣地使用と隣地が共有地の場合

**A11**

　中間試案では、承諾を求めるという請求権構成を検討していたため、隣地が共有地の場合、その全員から承諾を得させるのは負担であるから、持分の価格の過半数を有する隣地共有者から承諾を得れば足りるとする提案がなされていました。しかし、部会の審議途中で、使用権構成、すなわち、本条の要件を満たせば当然に隣地使用権が発生するという考え方へ変更したため、隣地が共有地であるかどうかは影響しないこととなりました。

**Q12** 法制審議会の検討過程では、急迫の事情等がある場合には、隣地所有者等に対する承諾を得ることなく隣地を使用できるとすることを提案されていたようですが、採用されなかったのは何故ですか。

**A12**

　部会資料46第1③では、急迫の事情等がある場合には、隣地所有者等に対する承諾を得ることなく隣地を使用できるとすることを提案されていましたが、上記のように法的構成を改めたことに伴い、表現を改めることとしました。

　隣地所有者及び隣地使用者に対する事前の通知をすることができないような急迫の事情がある場合に隣地使用を認めるとしても、隣地所有者及び隣地使用者は、土地所有者による隣地の使用状況を把握しておくべきであると考えられるため、改正法209条3項においては、急迫の事情がある場合を念頭に、土地の所有者が、あらかじめ通知することが困難なときは、隣地使用を開始した後、遅滞なく、隣地所有者及び隣地使用者に通知しなければならないこととしたものです。

**Q13** 継続的給付を受けるための設備設置権及び設備使用権の規律について教えて下さい。

**A13**

　継続的給付を受けるための設備設置権及び設備使用権について、次のような規律を設けるものとするとされています（改正民法213条の2）。

　①土地の所有者は、他の土地に設備を設置し、又は他人が所有する設備を使用しなければ電気、ガス又は水道水の供給その他これらに類する継続的給付（以

下①及び⑧において「継続的給付」という。）を受けることができないときは、継続的給付を受けるため必要な範囲内で、他の土地に設備を設置し、又は他人が所有する設備を使用することができる（1項）。

②①の場合には、設備の設置又は使用の場所及び方法は、他の土地又は他人が所有する設備（③において「他の土地等」という。）のために損害が最も少ないものを選ばなければならない（2項）。

③①の規律により他の土地に設備を設置し、又は他人が所有する設備を使用する者は、あらかじめ、その目的、場所及び方法を他の土地等の所有者及び他の土地を現に使用している者に通知しなければならない（3項）。

④①の規律による権利を有する者は、①の規律により他の土地に設備を設置し、又は他人が所有する設備を使用するために当該他の土地又は当該他人が所有する設備がある土地を使用することができる。この場合においては、前記A3で説明した改正民法209条1項ただし書及び2項から4項までの規律を準用する（4項）。

⑤①の規律により他の土地に設備を設置する者は、その土地の損害（④において準用する前記1の④に規律する損害を除く。）に対して償金を支払わなければならない。ただし、1年ごとにその償金を支払うことができる（5項）。

⑥①の規律により他人が所有する設備を使用する者は、その設備の使用を開始するために生じた損害に対して償金を支払わなければならない（6項）。

⑦①の規律により他人が所有する設備を使用する者は、その利益を受ける割合に応じて、その設置、改築、修繕及び維持に要する費用を負担しなければならない（7項）。

⑧分割によって他の土地に設備を設置しなければ継続的給付を受けることができない土地が生じたときは、その土地の所有者は、継続的給付を受けるため、他の分割者の所有地のみに設備を設置することができる。この場合においては、⑤の規律は、適用しない（改正民法213条の3第1項）。

⑨⑧の規律は、土地の所有者がその土地の一部を譲り渡した場合について準用する（同条2項）。

**Q14** ライフラインに関する設置権が新設されたそうですが、概要を教えてください。

**A14**

　土地の所有者は、他の土地の設備を設置し、または他人が所有する設備を使用しなければ電気、ガスまたは水道水の供給その他これらに類する継続的給付（以下「継続的給付」という）を受けることができないときは、継続的給付を受けるため必要な範囲内で、他の土地に設備を設置し（設備設置権）、または他人が所有する設備を使用（設備使用権）することができることとされました（設備設置権および設備使用権を合わせて、以下「設備設置権等」という）。

　なお、継続的給付の種類は例示列挙であり、上下水道、ガス、電気、電話など広く含まれます（第21回議事録15頁法務省幹事発言）

**Q15** 設備設置権と設備使用権の成立要件を教えてください。

**A15**

　設備設置権および設備使用権の成立要件は、以下①～③であり、全ての要件を満たす必要があります。

　①他の土地の設備を設置し、または他人が所有する設備を使用しなければ継続的給付を受けることができないこと（民法新213条の2第1項前段）

　②継続的給付を受けるため必要な範囲内であること（同条同項後段）

　③設備の設置または使用の場所および方法が、他の土地または他人が所有する設備のために損害が最も少ないものであること（同条2項）

　これらの要件は、設備設置権および設備使用権の成否およびその具体的内容を画する権利の成立要件と位置づけられ（部会資料55・1頁参照）、公道に至るための他の土地の通行権に関する民法211条1項や前掲平成14年最判を参考にしています。

**Q16** 導管等設備の問題は袋地および準導管袋地に限られるのですか。

**A16**

　実務上、導管等設備の問題は、民法210条等に基づく通行権とは事情が異なり、必ずしも袋地や準導管袋地に限られません。

　敷地に接道している公道に水道管本管が敷設されておらず、接道道路からの新規に引込むには多額の工事費用を要する一方、隣地を経由した反対側の公道には既設本管があり引込みが容易なケースなど、立地、公道の導管敷設状況、土地の起伏等の関係で、他の土地に囲まれていなくても、他人の土地を使用しなければ、継続的給付を受けられないケースが存在します。このように、他の土地に囲まれていること以外を原因として継続的給付を受けられない場合も導管等設備権を認める実務上のニーズがあるとの意見が寄せられました（全宅連意見）。

　そこで、実務上の必要性に対応すべく、「他の土地に囲まれていること」を要件から外し、単に、「他の土地の設備を設置し又は他人が所有する設備を使用しなければ継続的給付を受けることができないこと」とされました。

**Q17** 土地の所有者が、継続的給付を受けるために複数の土地のいずれかに設備を設置することが考えられる場合、どの土地に設備を設置すべきかの基準を教えて下さい。
➡部会資料51・4頁、第18回会議

**A17**

　改正民法213条の2第2項により、設備を設置すべき土地については、個別の事案ごとに、継続的給付を受ける必要性と他の土地に生じる損害を踏まえて、損害が最も少ないと考えられる土地を特定することになると解されます。

　ちなみに、公道に至るための通行権に関する規律においても、周りを取り囲んでいる土地のうちどの土地を通行するかや、既存通路が複数存在する場合にどの通路を通行するか等が問題となりますが、通行の場所及び方法は、通行権を有する者のために必要であり、かつ、他の土地のために損害が最も少ないものを選ばなければならないとされ、通行すべき土地に関して画一的な基準は設けられていませんでした（民法第211条第1項参考）。

　本条においても、より具体的で画一的な基準を設けることは困難であり、上記文言にとどめられました。

第6章

## Q18 改正民法213条の2の趣旨と法的構成について説明して下さい。
➡部会資料51・4頁

### A18

　相隣関係は、近隣の土地等の所有者間の権利関係を調整するものであり、他の土地または他人が所有する設備（以下「他の土地等」という）の所有者は、設備設置権等のために、設備設置等を受忍すべき義務を負うとの考え方のもと、端的に、土地の所有者は、他の土地等に設備等を設置・使用することができるものとされました。

　設備設置権等の法的性質について、他の土地等の所有者の承諾の有無にかかわらず発生する法定の権利であるとしました。つまり、承諾を求めるという「請求権」でもなく、何らかの意思表示をもって権利行使する「形成権」でもなく、一定の要件を備えれば意思表示を要せずに当然に発生する権利となりました。

　そのうえで、利害関係者である他の土地等の所有者および他の土地を現に使用している者に対する事前通知義務を負うものと構成されました。

　中間試案に関するパブリックコメントでは、他の土地等の所有者の手続保障を重視する観点から、乙案すなわち、「承諾を求めることができる」いわゆる「請求権説」を採用し、原則として、任意で解決できない場合は司法手続により判決を得る必要があるとしつつ、通知を受けたにもかかわらず相当期間内に異議がないケースや、公告があったにもかかわらず相当期間内に異議がないケースにおいては例外的に判決を経ずに自ら導管等設備を設置できるという案に賛成する意見が多数寄せられていました。

　しかし、請求権説を採りながら、相当期間内に異議がないケースにおいて司法手続を経ずに導管等を設置できるというスキームには、説明に難があることから、使用権構成が採用されることとなったのです（部会資料51・4頁）。

## Q19 一定の要件を備えれば当然に設備設置権が発生するという構成が採用されたということは、相手方が設備設置工事に反対していた場合であっても、裁判を経ずに工事に着手してよいのですか。

### A19

　いいえ。このような構成をとったとしても、他の土地の所有者等が設備設置等に対する妨害行為等を行い、これを排除しなければ権利を実現することができないケースでは、裁判所の判決を得ることなく私的に実力を行使して排除すること

は認められないと解されます。

このようなケースでは、妨害行為の差止めの判決を得て権利を実現することになります。積極的な妨害行為がなされていない場合であっても、相手方が反対または無回答の場合は、妨害行為の差止めを求める裁判手続や、設備設置権等の確認を求める裁判手続を経る必要があると思われます（部会資料52・2頁参照。ただし、確認訴訟では執行手続へ移行できないので、平穏を争われることなく安全策を採るならば、妨害差止訴訟が適切と思われます）。

法制審議会における議論では、宅地、私道それぞれの場合において、相手方が反対ないし無回答の場合は判決を得なければならないのに対し、所在等不明の場合には判決を得ずとも適法に設備等設置が可能かという質問に対し、法務省幹事は「私道であっても（宅地の場合はもちろん）所有者が反対している場合は、基本的には自力執行は不可能だと考えておりますので、そちらは判決を取った上でということになりますけれども、私道の所有者が所在不明であるというときには、この通知を行った上で、この規律の下で適法に設備の設置ができる」との回答がなされています（法制審議会第24回議事録3頁）。

したがって、他の土地の所有者や使用者が、設備設置等あるいはその立入りに反対している場合や、通知を受けた者が無回答であったとしても黙示の同意をしたと認められる事情がない限り、その平穏を害するものとして不法行為となる可能性があるので、注意を要します。

これに対し、使用者が存在せず、所有者が所在等不明であるケースでは、同意は推認されないものの、私道の場合においては、平穏な使用を害するおそれを想定し難いので、公示による意思表示[84]等による通知をした上で、適法に設備設置等が可能であると考えられます（宅地の場合において、所在等不明の場合には司法手続を経ずに設備設置等が可能かどうかについて、部会資料及び議事録からは明確でなく、門扉を開けたり、塀を乗り越えたりして隣地に入り、掘削工事等をすることが、平穏を害するのかどうか解釈が残ります。）。

---

[84] 公示送達については99頁の[82]を参照。

**Q20** あらかじめ、設備設置の目的、場所および方法を、他の土地等の所有者及び他の土地を現に使用している者に通知すること（改正民法213条の2第3項）とされた趣旨および法的性質を教えてください。

**A20**

　設備設置等は、帰責性がない他の土地等所有者に長期にわたって制約を課することを踏まえ、手続保障を図る必要性が高いためです。また、賃借人など、他の土地を現に使用している者にとっても、その利用が制限されるおそれがあり、かつ、平穏な使用を保護する観点から、手続保障を図る必要があります。このような観点から、他の土地等所有者および他の土地を現に使用している者を並列し、事前通知の相手方としました。

　なお、使用者の所在が不明なケースでは、そもそも「現に」使用する者がいないと評価されます。

　通知の内容は、単に、設備設置等をすることのみならず、目的、場所、方法を記載しなければなりません。その趣旨は、通知を受けた者が、当該設備の設置等の内容について、成立要件を充足するかの判断を可能とするとともに、その受入れの準備を可能とすることにあります（部会資料56、4頁）。

　事前の通知は、設備設置権等の行使要件であり、成立要件ではないので、設備設置権等そのものは、成立要件さえ満たせば、発生します。しかし、事前の通知なく設備を設置する等の行為は、行使要件を欠き、違法で、不法行為が成立することがあり得るので留意が必要です（法務省関係官発言。第21回議事録7頁）。


**Q21** 所在等不明の場合に配慮して、隣地使用権では、予め通知をすることが困難な場合は事後通知で足りるという規定が設けられているのに対し、設備等設置権では、かかる規定がない理由は何ですか。

**A21**

　隣地使用権の方では、緊急の場合のような予め通知することが困難な場合には事後的でもよいとしていますが、継続的給付を受けるための設備設置権等では、緊急性のある場合を想定し難いので、事前に必ず通知することが必要であると説明されています（法務省幹事発言）。

　したがって、通知の相手方が所在等不明である場合も、事前通知が必要であります。

通知の方法について、公示による意思表示（民98条）で通知することや、所有者不明土地管理人宛てに通知することが考えられます（第21回議事録20頁法務省幹事）。

## Q22 継続的給付を受けるための設備の設置権にともなう償金について整理して下さい。➡部会資料51・5頁、部会資料46の第3の3

### A22

設備設置権等に基づいて他人の土地等に設備設置または設備使用した者は、他人の土地や他人の導管等の損害について償金を支払うことが公平と考えられ、前掲平成14年最判も、「宅地の所有者に対し別途設備の設置及び保存の費用の分担を求めることができるとすれば、当該給排水設備の所有者にも便宜である」としています。

償金は、違法でない原因により生じた損害を償うものであり、必ず損害が認められるというものではなく、個別事案によります（第9回議事録59頁法務省幹事発言）。

改正民法213条の2第5項では、償金に関する内容を整理しています。

(1) 土地の所有者が、他の土地に設備を設置する場合に支払うべき償金には、2種類のものがあると考えられます。

第1は、同条4項の規律に基づいて他の土地を使用する場合に当該土地の所有者や当該土地の使用者に一時的に生じる損害に対する償金ですが、これは一時金として支払われるべきであると考えられます。

第2は、設備の設置によって土地が継続的に使用することができなくなることによって生じる損害に対する償金ですが、これは公道に至るための通行権の規律（民法第212条ただし書）と同様に、1年ごとの定期払の方法を認めることが適切であると考えられます。

そこで、同条5項において、これらの償金を区別し、前者については隣地使用権の償金の規律（改正民法209条4項）と同様の規律に服させることとし、後者については、1年ごとにその償金を支払うことができることとしたものです。

(2) 土地の所有者が、他人が所有する設備を使用する場合に支払うべき償金も、大別して2種類のものがあると考えられます。

第1は、改正民法213条の2第4項の規律に基づいて設備のある土地を使用する場合に当該土地の所有者や当該土地の使用者に一時的に生じる損害金や当該設備の

所有者に一時的に生じる損害に対する償金ですが、これらは一時金として支払われるべきであると考えられます。

　第2は、土地の所有者が継続的に使用する設備の設置、改築、修繕及び維持に要する費用ですが、土地の所有者はその利益を受ける割合に応じてその費用を負担することとするのが合理的であると考えられます。そこで、改正民法213条の2第4項（隣地使用権の償金の規律（前記209条4項の準用）、第213条の2第6項及び7項において、これらの償金及び費用負担に関する規律が設けられたのです。

**Q23** 土地使用に関する規定および隣地使用権の規定の準用に関する改正民法213条の2第4項の趣旨を教えて下さい。
➡部会資料51・4頁、部会資料46の第3の1（注）

**A23**

　当初の法制審議会においては、設備を設置し又は設備を使用する工事のために隣地を使用する場合の規律を設けることが提案されていましたが（部会資料46の第3の1（注1））、設備を設置する土地や使用する設備がある土地が対象土地の隣地ではない場合も考えられるため、改正民法213条の2第1項の隣地使用権の規律とは別の規律を設ける必要があると考えられました。

　そこで、同条4項において、同条1項の規定による権利を有する者は、他の土地に設備を設置し、又は他人が所有する設備を使用するために当該他の土地又は当該他人が所有する設備がある土地を使用することができることとし、この場合においては、隣地使用権の規律である改正民法209条第1項ただし書及び2項から4項までを準用することとしたのです。

**Q24** 土地の分割又は一部の譲渡によって導管設備の継続的給付を受けることができない土地が生じた場合の規律について説明して下さい。
➡部会資料51・5頁、部会資料46の第3の3③

**A24**

　土地の分割によって他の土地に導管等設備を設置しなければ継続的給付を受けることができない土地が生じたときは、分割者の所有地のみに設備を設置することができるが、その場合、償金に関する規律は「適用されない」とされました（民法新213条の3第1項後段）。

　これは、土地の所有者の都合で土地の分割をしたときには、導管袋地あるいはそれと同等の状況が生じることが予想され、分割の際に当事者間において償金支払いに関する協議を行うのが通例であるとの考え方によるものです（部会資料25・44頁、部会資料32・25頁。）

　従前の部会資料32では「償金を支払うことを要しない」とし、民法213条（注：諸外国にはみられない特殊な規定であり、任意行為のみならず裁判分割にも適用することの是非、同時全部譲渡の適用の是非などの議論があるうえ、分割もしくは譲渡の直接の当事者間のみに適用されるべきか、それとも、より広く特定承継人にも適用されるべきか説が分かれている。）と同一文言を用いていましたが、部会資料51では「適用しない」との文言に修正されたことから、個別事案により償金が発生する余地は残されたといえるでしょう。

　改正民法213条の3は、土地の分割又は一部の譲渡がされたとしても、既設の設備の所有者が直ちに変更されるわけではないため、土地の分割等によって他人が所有する設備を使用しなければ継続的給付を受けることができない土地が生じることは想定されないことから、同条1項、2項においては、この部分の規律を除いています。

　場合によっては、土地の分割等とともに、当該土地上の既設の設備についても譲渡がされることによって、設備を使用しなければ継続的給付を受けることができない土地が生じるケースは想定し得ますが、この場合には、当該土地の所有者は、当該設備がその分割等がされた他方の土地上にある限りにおいて、基本的には、改正民法213条の2第2項により、当該設備を使用することが損害の最も少ない方法として特定され、当該設備を使用しなければならないことになると考えられます。

## Q25 法制審議会では、一時、「導管等の設置場所又は使用方法の変更に関する規律」を検討していたとのことですが、条文化されなかったのは何故ですか。

### A25

　確かに、部会資料32、46（第3、2）では、土地の使用用途の変更、付近の土地の使用状況の変化その他の事情の変更により、設置場所または使用方法が「不相当」（一律に変更を認めることは不経済になりかねないことからこの文言が用いられることが検討されていた）となったときは、導管袋地等所有者または他の土地所有者に変更請求権を認め、設置場所または使用方法の変更に関する規律を設

けることが検討されていました。しかし、設備の設置権を、他の土地等の所有者の承諾の有無にかかわらず発生する法定の権利であると構成を改めたことから、事情の変更によって、要件を満たさなくなった場合には当該権利は消滅し、又は改正民法213条の2第2項により損害が最も少ない設備の設置若しくは使用方法が変更されることになると考えられ、設備の設置場所又は使用方法の変更に関する特別の規律を設ける必要性は高くないと考えられたからです。

ちなみに、公道に至るための通行権においても、通行の場所又は方法の変更に関する規律は置かれていません。

以上を踏まえ、導管等の設置場所又は使用方法の変更に関する特別の規律を設けないこととされたものです。

任意に撤去されない場合には、権利が消滅したことを主張する側が、設備等の撤去請求をすることになります。これに対し、新たな設置（変更）を希望する者は、設備設置権等の確認請求訴訟を提起することが考えられます。

この場合、上記のような不経済性を考慮のうえ変更を認めるのかどうかは、解釈に委ねられます。

**Q26** 改正民法と下水道法11条との関係を教えて下さい。

**A26**

下水道法11条3項において、排水区域に指定された場合には下水道を通す義務が規定されており、あらかじめ導管等の設置等について当該土地の占有者に告げることで足りるとされているところ、行政上の義務を規定したものであるから、一般法の相隣関係を規律する今回の民法改正とは場面が異なるもので矛盾しないと説明されています（第9回議事録60頁）。

**4　その他**

**Q27** 他人の土地に瑕疵があることで自分の所有地が損害を被る可能性がある場合、他人の土地への立入や工事を認める条項は見送られましたが理由を教えて下さい。➡部会資料59・5頁

**A27**

第24回会議において、他の土地等の瑕疵に対する工事に関する新たな規律を設

けることに賛成する意見があった（経団連）一方で、これに反対し、要件を限定し明確にすることを求める意見（日弁連）がありました。

　部会資料58第1の4の提案は、現行法において物権的請求権が認められるような事案について他の土地への立入りや工事を認める規律を設ける趣旨ですが、そこで掲げていた要件をさらに限定的なものとすると、物権的請求権に比べて権利の発生の範囲を過度に制約し、規律を設ける趣旨を没却することもなりかねず、また、新たな規律において限定的な要件を設けることで、物権的請求権に関する解釈・運用にも影響を与えるおそれがあります。そのため、結局、上記の意見を踏まえた上で、損害を被る土地所有者の権利を保障しつつ、さらに要件を限定する規律を適切に置くことは難しいと考えられました。

　他方で、新たな規律を設けないとしても、物権的請求権の行使や不法行為に基づく損害賠償請求権の行使、新たに導入することを検討している所有者不明土地管理制度や管理不全土地管理制度等の活用により他の土地等における瑕疵への対応は可能であると考えられます。

　なお、いずれにしても土地所有者が、土地に対する急迫の危険を避けるためにやむをえず他の土地等で緊急的に工事を行った場合には、緊急避難や正当防衛により違法性が阻却され得ます。

　以上を踏まえて、改正法では、他の土地等の瑕疵に対する工事について特段の規律を設けないこととされました。

**Q28** 改正民法213条の2第4項に「必要な範囲内で隣地を使用できる」という要件を掲げ、さらに、同条第2項に「使用の日時、場所及び方法は、隣地の所有者及び隣地を現に使用している者のために損害が最も少ないものを選ばなければならない」とした理由を教えてください。

**A28**

　第9回会議及び第18回会議において、隣地の使用方法の相当性に関する規律を設けるべきであるという意見があったことを踏まえ、規定されました。

　隣地を使用する範囲が、使用目的のために必要な範囲でしか認めないということを第4項が準用する同209条1項で規定しているので、隣地を使用せずに自己の敷地内で目的を達成できるならば、隣地使用権の要件を欠きます。

　これに対し、隣地を使用せざるを得ない場合においても、いつ、どの部分を、

いかなる工法等で使用するかは様々であるところ、隣地使用によって影響を受ける者にとって損害が最も少ないものでなければならない、それが第2項です。

　いずれの要件も成立要件に位置づけられているものと考えられており、要件の一つでも欠けば不適法ということになります（部会資料56・2頁）。

## Q29 隣地使用権による使用によって隣地所有者又は使用者が損害を受けたときは、償金を請求できるとした理由を教えてください。

### A29

　旧法では「隣人」とされていたが、新法では、隣地使用に伴って隣地の所有者又は隣地使用者に損害が生じた場合には償金を支払う必要があると考えられることから、改正民法213条の2第4項が準用する改正民法209条4項において、旧民法第209条第2項の償金の規律を改め「隣地の所有者又は隣地使用者」としています。

　償金は、不法行為に基づく損害賠償請求とは異なる性質のものであり、不法行為に該当しなくても請求が可能です。

　不法行為に該当する場面では、その損害賠償請求を否定するものではありません。なお、第18回会議における議論を踏まえ、1項ただし書において、住家への立入りに関する表現ぶりを改め、「隣人」ではなく「居住者」の承諾がなければ、その住家に立ち入ることはできないこととしたものです。

**竹木の切除等**

## Q30 民法第233条第1項の竹木の枝の切除等の規定はどのように改正されましたか。

### A30

　竹木の枝の切除等に関する民法第233条第1項の規定は次のように改正されました。

　①土地の所有者は、隣地の竹木の枝が境界線を越えるときは、その竹木の所有者に、その枝を切除させることができる。

　②①の場合において、竹木が数人の共有に属するときは、各共有者は、その枝を切り取ることができる。

　③①の場合において、次に掲げるときは、土地の所有者は、その枝を切り取ることができる。

ア　竹木の所有者に枝を切除するよう催告したにもかかわらず、竹木の所有者が相当の期間内[85]に切除しないとき。

イ　竹木の所有者を知ることができず、又はその所在を知ることができないとき[86]。

ウ　急迫の事情があるとき[87]。

**コラム**／ **保護樹林の枝を改正民法233条の規定で切除して良いか**

　神社や寺の大木の葉っぱが、折角購入した新築物件の屋根に降り注ぎ、雨樋を詰まらせます。改正民法232条3項にあるように、神社に何度切るように催告しても切ってくれないので自ら切りたいと思います。許されるでしょうか。

　最近、都心でよくある問題です。結論は神社、寺の大木は保護樹林であることが多く、ほとんどの地方公共団体の条例では例えば、「指定所有者は、次の各号の一に該当するときは、事前に市長と協議しなければならない。ただし、通常の管理行為又は非常災害のために必要な応急措置として行う行為については、この限りではない。

(1) 樹木の伐採をしようとするとき。

(2) 地形の変更をしようとするとき。

(3) 所有権を他に移転しようとするとき。」と規定し、樹木の所有者ですら勝手には切れないのです。森林法が適用される樹木も伐採制限があり、違反行為には罰則もあります。十分な留意をして下さい。

 枝の越境について、第1項は「切除させることができる」となっているのに対し、第3項は「切り取ることができる」となっています。違いを教えてください。

**A**31

　第1項は、原則論です。まず、枝の所有者に対して、枝の切除を求め、枝の所有者において切除することが原則であることを表しています。

　これに対し、第3項は、例外規定です。裁判を経ずに、第3項の各号の一に該当

---

[85] 相当の期間は、基本的には2週間程度を要するとされている（令和3年4月20日参議院法務委員会参考人発言）。

[86] この場合、竹木の所有者に公示に関する手続（民法98条）を行う必要はない（部会資料46・5頁）。

[87] 例えば、地震により破損した建物の修理工事の足場を組むために、隣地から越境した枝を切り取る必要がある場合等が考えられます（中間試案補足説明101頁）。

する場合には、自ら切除できます。

第1号は、切除を催告したにもかかわらず相当期間内に切除されなかった場合です。

この場合、枝の所有者に切除の機会を与えられており、相当期間内に切除しなかった以上、土地所有者に直接の切除を認めることが具体的妥当性を有するからです。

第2号は、枝の所有者が不明又は所在不明の場合です。

この場合は、枝の切除を期待できないこと、切除範囲は越境範囲に限られることからさらに伸びた枝を切除することも考えると、自ら切除できることとすることが妥当であることから、催告することなく、いきなり切除することが可能となりました。ただし、所有者が不明又は所在不明であることが要件となっているため、その点での調査は必要となります。

第3号は、たとえば、地震で破損した建物の修繕工事のための足場を組む為、越境枝を切り取る必要がある場合のような、急迫の事情があるケースにおいても、例外的に切除が可能です。

伐採する枝の範囲について、いずれ伸びるので、境界線よりも幹側で切り取ることを認めてはどうかとの議論もなされましたが、今回の改正で、手続き負担が軽減されたため、そこまでの規定は設けられませんでした。理論上も、適法な部分まで他人が切除する合理的な理由が見いだせず、再度、越境した段階で催告し相当期間経過後切り取ることができるし、所在不明者の場合は催告すら不要であるため、越境している範囲でのみ切除できるとすれば足りると思われます。

**Q32** 改正法の施行後、第3項に基づき、枝の切除をした場合、禁止されている自力救済に当たるとして損害賠償責任を負うのでしょうか。

**A32**

「土地の所有者は、その枝を切り取ることができる。」との文言となったこと、通常は、土地所有者の敷地内で切除作業を行うため、枝所有者の生活の平穏を害するといった事情も想定できないため、損害賠償責任を負うことは考えがたいでしょう。

ただし、越境枝を切除するために、竹木の生えている所在地に立ち入らなければ切除できないケースでは、隣地使用権に関する209条の要件を満たす必要があります（隣地使用権を参照のこと）。たとえば、立ち入りを拒絶されたにもかかわらず、法的手続を経ないで立ち入ることは、平穏を害するとして損害賠償責任を負う可能性があります。

法制審議会の検討過程で「著しい損害」を避けるため必要がある
ときも、越境した枝を自ら切るとることができるという規律が検
討されましたが、結局採用されなかったのは何故ですか。
➡部会資料51・3頁、46の第2の1（1）③C

**A33**

　急迫の事情がない場合には、竹木所有者の手続保障の観点から、竹木の所有者
に対して催告することが相当と考えられるからです。これに対し、すぐに枝を切
除しなければ「著しい損害」が生じるという急迫の事情がある場合には、改正民
法233条3項三で越境した枝を自ら切り取ることができることとしたものです。

**Q34** 枝が数人の共有に属する場合の枝を切除する手順について教えて
下さい。➡部会資料59・4頁、部会資料58第1の2と同じである。

**A34**

　改正民法233条2項は、「竹木が数人の共有に属するときは、各共有者は、その
枝を切り取ることができる」と規定しました。

　旧法下（切除請求権構成、訴訟必須）においては、共有物の変更として全員の
同意を要する見解や、管理行為として過半数で決するとの見解がありました。

　そこで、部会審議途中において、土地利用を阻害する要因を取り除くため、共
有者の一人に枝を切除させることができる、すなわち、強制執行手続について他
の共有者の同意を不要とすることが適切と考えられ（共有者の一人に対しその枝
を切除させることについての給付判決を得れば、土地の所有者は代替執行の方法
により強制執行をすることができる（部会資料46・6ページ）。さらに、審議途中で、
訴訟を必須としない考え方を採用した結果、端的に、竹木所有者の権限として整
理され、各共有者は枝を切除できるということになったのです。

　土地の所有者としては、急迫の事情がないケースにおける同条3項の規律によ
る枝の切取りに当たっては、基本的に、竹木の共有者全員に枝を切除するよう催
告する必要があると解されます。一部の共有者を知ることができず、又はその所
在を知ることができないときには、その者との関係では同条3項2号が適用され（催
告不要）、知れている共有者との関係では同条3項1号の催告および相当期間経過
の規律が適用されます。土地の所有者が以上の要件を充たす手続を経ても竹木の
共有者が相当の期間内に竹木を切除しない場合には、同条3項により、自ら切除
できます。

**Q35** 切り取りの費用についてはどうなりますか。

**A35**

　枝の越境は、通常は不法行為を構成するので、越境した枝所有者に費用負担させるのが公平と思われます。ただし、森林においては、越境の原因において民家の枝とは事情が異なり、一例として、互いに森林を所有する一方の所有者が企業に売却し、企業が森林を伐採して太陽光パネルを設置したために、植物の性質上（競争林がなくなったため、太陽光をたっぷり浴びて、空いているスペースの方向へ枝が伸びていく）、越境するようになったというケースにおいて、切り取り費用を越境枝の所有者に全額負担させることは甚だ疑問があるという懸念が示され（第14回議事録50ページ）、個別の事案ごとに調整を図る必要があるため、規定が設けられませんでした。

**Q36** 隣地へ落下した果実について、土地所有者は取得・処分できますか。

**A36**

　旧法下では、越境して落下した果実の規定がなく、通説は、樹木の所有者に属すると考えられていました（注釈民法5、262ページ）。部会において、土地所有者において落下果実の処分を可能とする規律を設けることも検討されましたが（中間試案（注5））、処分権を土地所有者に与えることを正当化することが難しいため、今回も落下果実の規律は見送られました。

**Q37** 根の規律に変更はありますか。

**A37**

　変更はありません。根は、土地所有者が自ら切り取ることが可能です。費用負担に関しては、枝と同様、解釈にゆだねられます。

# 第7章 所有者不明土地管理命令等

## 所有者不明土地の円滑化を図る方策

| 民法の改正内容 | |
|---|---|
| **所有者不明土地等管理制度** | **財産管理制度見直し** |
| ▶現行の不在者財産管理人・相続財産管理人は、人単位で財産全般を管理する必要があり、非効率。 | ○所有者不明土地・建物の管理制度の創設（民264の2、264の8）→第7章（本章）<br>個々の土地・建物の管理に特化した新たな財産管理制度を創設する。<br>※裁判所が管理命令を発令し、管理人を選任（裁判所の許可があれば売却も可）（264の3②）<br>➡所有者不明土地・建物の管理を効率化・合理化する。 |
| **不明共有者がいる場合の対応** | **共有制度の見直し** |
| ▶不明共有者がいる場合には、利用に関する共有者間の意思決定や持分の集約が困難 | ○共有物の利用の円滑化を図る仕組みの整備→第7章（本章）<br>・裁判所の関与の下で、不明共有者に対して公告等をした上で、残りの共有者の同意で、共有物の変更行為や管理行為を可能にする制度を創設する（民251②）。<br>・裁判所の関与の下で、不明共有者の持分の価格に相当する額の金銭の供託により、不明共有者の共有持分を取得して不動産の共有持分を取得して不動産の共有関係を解消する仕組みを創設する（民262の2）。持分譲渡は262の3、非88②➡Q20<br>➡不明共有者がいても、共有物の利用・処分を円滑に進めることが可能になる。 |
| **遺産分割長期未了状態への対応**<br>**→第4章** | **相続制度の見直し** |
| 長期間放置された遺産分割では、証拠散逸で共有状態解消困難 | ○相続から10年間経過した時は画一的に法定相続分で遺産分割の仕組み創設。<br>➡遺産分割長期未了状態解消を促進。 |
| **隣地等の利用・管理の円滑化** | **相隣関係等の見直し** |
| ▶ライフラインの導管等を隣地に設置することの根拠規定がなく、土地の利用を阻害<br>→第6章 | ○隣地使用の要件を明確化<br>○ライフラインの設備設置権等の規律の整備<br>ライフラインを自己の土地に引き込むための導管等の設備を他人の土地に設置する権利を明確化し、隣地所有者不明状態にも対応できる仕組みも整備する。 |

| | |
|---|---|
| ▶ 所有者が判明していても、土地や建物が管理されていないことによって荒廃し、危険な状態になることがある。<br>→第8章 | ⇒ライフラインの引き込みを円滑化し、土地の利用を促進する。<br>○隣地竹木枝の切除及び根の切り取り等<br>○管理不全土地・建物管理制度の創設→第8章<br>　所有者が土地・建物の管理に無関心なため放置していることで他人の権利が侵害されるおそれがある場合に、裁判所による管理人選任可とする制度創設➡管理不全土地建物の適正管理化可能<br>○相続財産等の管理→第9章（民897の2、同918） |

 「その他の関係者」による利用・管理の方策として「財産管理制度」の見直しがなされたとのことですが、どのような内容ですか。

**A₁**

(1) 所有者不明土地管理命令等として、→第7章（本章）

　①所有者不明土地管理命令及び所有者不明建物管理命令（改正民法264条の2・264条の8）

　②管理不全土地管理命令及び管理不全建物管理命令（同264条の9）→第8章

(2) 相続等として→第9章

　①相続財産等の管理（民897条の2・918条）

　②相続財産の清算の各制度（民936条1項、952条）

が創設され、改正されました。

 所有者不明土地管理命令及び所有者不明建物管理命令とはどのような制度ですか。

**A₂**

　所有者不明土地管理命令及び所有者不明建物管理命令について、次のような規定が創設されました（改正民法264条の2〜、同264条の8〜）。

## (1) 所有者不明土地管理命令について

①裁判所は、所有者を知ることができず、又はその所在を知ることができない[88]
土地（土地が数人の共有に属する場合にあっては、共有者を知ることができ
ず、又はその所在を知ることができない土地の共有持分[89]）について、必要
があると認めるときは[90]、利害関係人[91]の請求により、その請求に係る土地
又は共有持分を対象として、所有者不明土地管理人（④の所有者不明土地管
理人をいう。以下同じ。）による管理を命ずる処分（以下「所有者不明土地
管理命令」という。）をすることができます（264条の2）。➡従前の「不在者
財産管理制度（民法第25条第1項）[92]」や「相続財産管理制度（民法第952条
第1項)」において選任された財産管理人は、不在者の財産全般又は相続財産
全般を管理することとされているため、申立人が管理費相当額の予納金の納
付を求められることがあり、事案の処理にも時間がかかった。そこで所有者
不明土地に特化した管理人制度を設ける必要があった。

②所有者不明土地管理命令の効力は、その所有者不明土地管理命令の対象とさ
れた土地（共有持分を対象として所有者不明土地管理命令が発令された場合
にあっては、共有物である土地）にある動産（当該所有者不明土地管理命令
の対象とされた土地又は共有持分を有する者が所有するものに限る。）に及
びます（同条2項）。➡所有者不明土地管理人は裁判所の許可を得れば動産の
処分もできる。当該土地上に放置されている動産は、所有者のものになって

---

[88] 必要な調査をしても氏名・名称や所在を知ることができないことをいう。自然人の場合は登記簿や住
民票上の住所や戸籍等を調査しても所有者・相続人が判明しないとき。相続人が判明しても相続人が
相続を放棄している場合である（中間試案・部会資料25、22頁注1)。法人の場合には登記を調査し、
本店所在地、代表者の住所・所在（死亡の有無）の調査、権利能力なき団体の場合は代表者・構成員
の有無、所在（死亡の有無）等である。構成員の活動があれば団体自治の観点から管理人の選任は相
当ではないとされている。

[89] 共有持分について管理人が選任されても遺産分割の当事者になることはできない（中間試案注4)。

[90] 例えば、事案ごとの判断とはなるが、土地所有者の所在は不明であるが、第三者が適法な権原に基づ
き当該土地を管理しているケースなどはこれにあたり、申立てを却下し、発令後であれば命令を取り
消すことになる。

[91] 所有者不明土地・建物を適切に管理するという制度趣旨に照らして判断されるので、不在者財産管理
人制度の利害関係人の範囲とは必ずしも一致しない。いずれにしても適切に管理されないことによっ
て不利益を被る隣地所有者、公共事業の実施者、民間の買受人等がこれにあたる。取得時効を主張し
ようとする者もこれに該当するとされ、時効が認められた場合、同管理人が所有権移転登記申請権限
もあると考えられている（部会資料33・6頁、43・3頁)。

[92] 不在者財産管理人が既に選任されている場合は、所有者不明状態ではないから所有者不明管理命令は
発することはできないが、不在者財産管理人が選任されていることに気付かず選任された場合は所有
者不明管理人に権限が専属することになる（264条の3)。不在者管理人が権限を行使したい場合には所
有者不明管理人の選任等の取消を求めることになる。

いるとして適法に処分することができると解されている（部会資料33、13頁）。土地所有者以外の第三者が所有している動産については妨害排除請求権を行使することも可能であり（中間試案補足説明）、民法497条の要件[*93]を充たすときは裁判所の許可を得て自助売却もでき、その代金を供託して所有者に対する引渡義務を消滅させることができると解されている（同資料33頁）。

③所有者不明土地管理命令は、所有者不明土地管理命令が発令された後にその所有者不明土地管理命令が取り消された場合において、同所有者不明土地管理命令の対象とされた土地又は共有持分及び同所有者不明土地管理命令の効力が及ぶ動産の管理、処分その他の事由により所有者不明土地管理人が得た財産について、必要があると認めるときも、することができる（同条3項）。

➡例えば取り消されたケースで供託金の還付請求の相手方が特定できなくなった場合、改めて所有者不明土地管理命令を発令して管理人を選任する必要性が生じる（部会資料52）。

④裁判所は、所有者不明土地管理命令をする場合には、その所有者不明土地管理命令において、所有者不明土地管理人を選任しなければならない（同条4項）。➡選任された後に所有者が死亡していた場合でも管理人の権限が当然に消滅するものではなく、管理命令の取消がなされるまでは、権限が存続していることになる。なお、所有者の死亡は取消事由になるもの、所有者の相続人が判明するまでは直ちに管理命令の取消事由にならないと解されている。➡取消に遡及効があるか否かは取引の安全の観点から解釈されるべきとされ、現行の不在者財産管理制度においても、取消の効果は将来に向かって生ずるに過ぎないと解されている。

所有者不明土地管理命令及び所有者不明建物管理命に関する非訟事件は、裁判を求める事項に係る不動産の所在地を管轄する地方裁判所の管轄に属するものとし（非訟事件手続法90条1項）、また、土地所有者のための手続保障に関し、次のような規定を設けるものとするなど、裁判所の手続に関しては所要の規定が整備されます。

裁判所は、次に掲げる事項を公告し、かつ、イの期間が経過しなければ、所有者不明土地管理命令をすることができない。この場合において、イの期間は、1箇月を下ってはならない（同条2項）。

---

[*93] ①その物が供託に適しないとき。②その物について滅失、損傷その他の事由による価格の低落のおそれがあるとき。③その物の保存について過分の費用を要するとき。④前三号に掲げる場合のほか、その物を供託することが困難な事情があるとき。

ア　所有者不明土地管理命令の申立てがその対象となるべき土地又は共有持分についてあったこと。

イ　所有者不明土地管理命令をすることについて異議があるときは、対象となるべき土地又は共有持分を有する者は一定の期間までにその旨の届出をすべきこと。

ウ　前号の届出がないときは、裁判所が所有者不明土地管理命令をすること。

（後略）

**所有者不明土地管理人の権限**

## (2) 所有者不明土地管理人の権限（改正民法264条の3）

①（1）④の規律により所有者不明土地管理人が選任された場合には、所有者不明土地管理命令の対象とされた土地又は共有持分及び所有者不明土地管理命令の効力が及ぶ動産並びにその管理、処分その他の事由により所有者不明土地管理人が得た財産（以下「所有者不明土地等」という。）の管理及び処分[94]をする権利は、所有者不明土地管理人に専属する[95]（同条1項）。

②所有者不明土地管理人が次に掲げる行為の範囲を超える行為[96]をするには、裁判所の許可を得なければならない。ただし、この許可がないことをもって善意の第三者に対抗することができない（同条2項）。

ア　保存行為

イ　所有者不明土地等の性質を変えない範囲内において、その利用又は改良を目的とする行為

（注）管理人の選任の公示に関し、次のような規定が設けられました。
①所有者不明土地管理命令があった場合には、裁判所書記官は、職権で、遅滞なく、所有者不明土地管理命令の対象とされた土地又は共有持分について、所有者不明土地管理命令の登記の嘱託をしなければならない（非訟事件手続法90条6項）。
②所有者不明土地管理命令を取り消す裁判があったときは、裁判所書記官は、職権で、遅滞なく、所有者不明土地管理命令の登記の抹消を嘱託しなければならない（同条7項）。

---

[94] 管理人が土地を処分した場合には買主と共同して所有権移転登記をするとともに、売却によって得た代金を供託し、その上で管理すべき財産がなくなったことを理由に管理命令が取り消され、土地管理命令の登記抹消が嘱託されることになる。

[95] 所有者不明土地管理人が選任されていも、土地所有者が別の場所でその土地を売却しようとする場合もある。土地所有者から土地を購入しようとする者は、その土地の登記記録を確認するのが通常であるため、管理人が選任されている旨の登記がなされていれば、土地の所有者は土地を売却できなくなる。その場合は土地所有者は管理命令を取り消した上で処分することになる。

[96] 処分行為は権限の範囲を超えるものであり裁判所の許可を必要とする。

### (3) 所有者不明土地等に関する訴えの取扱い（改正民法264条の4）

　所有者不明土地管理命令が発せられた場合には、所有者不明土地等に関する訴えについては、所有者不明土地管理人を原告又は被告とする。➡管理人が原告となって訴えを提起する場合は裁判所の許可が必要となる（部会資料33）。

（注）訴訟手続の中断・受継に関し、次のような規律を整備するものとされました。改正民事訴訟法124条
　　➡隣地所有者が崖崩れ寸前となっている土地所有者を被告として、所有権に基づいて妨害予防を求める訴えを起こし、その訴訟係属中に土地管理命令が提起された場合等。
　　①所有者不明土地管理命令が発せられた場合には、所有者不明土地等に関する訴訟手続で当該所有者不明土地等の所有者を当事者とするものは、中断する。この場合においては、所有者不明土地管理人は、訴訟手続を受け継ぐことができる。
　　②所有者不明土地管理命令が取り消されたときは、所有者不明土地管理人を当事者とする所有者不明土地等に関する訴訟手続は、中断する。この場合においては、所有者不明土地等の所有者は、訴訟手続を受け継がなければならない。

所有者不明土地管理人の義務

### (4) 所有者不明土地管理人の義務（改正民法264条の5）

①所有者不明土地管理人は、所有者不明土地等の所有者（その共有持分を有する者を含む。）のために、善良な管理者の注意をもって、その権限を行使しなければならない（同条1項）。➡当初案では利害関係人に対しても善管注意義務を負うとしていたが、誰が利害関係人であるか判断するのは困難なので削除された。但し、管理人の過失により利害関係人に損害を与えた場合には不法行為責任を問われることはあり得る。なお、管理人が所有者不明土地を自ら買い受けることは利害相反にあたるので許されない（民法108条）。

②数人の者の共有持分を対象として所有者不明土地管理命令が発せられたときは、所有者不明土地管理人は、当該所有者不明土地管理命令の対象とされた共有持分を有する者全員のために、誠実かつ公平にその権限を行使しなければならない（同条2項）。➡共有物の変更の同意や共有物分割の協議に参加し、裁判所の許可を得て共有持分の交換、売却を行うが、原資の関係上持分を取得することは想定されていない。遺産分割の当事者になることはないとされている。裁判所の許可があれば、他の共有者の同意なく持分を処分できるが、処分後に共同相続人間で遺産分割協議が行われる場合には、所在不明共有者（相続人）以外の共同相続人の同意により、当該持分が遺産分割時に遺産として存在したものと見做すことになる（民法906条の2）（部会資料資料33）。また、複数の不明所有者のために管理人が選任された場合は平等に善管注意

義務を負うべきことが明記された（部会資料33、17頁）。

## （5）所有者不明土地管理人の解任及び辞任（改正民法264条の6）

①所有者不明土地管理人がその任務に違反して所有者不明土地等に著しい損害を与えたことその他重要な事由があるときは、裁判所は、利害関係人の請求により、所有者不明土地管理人を解任することができる（同条1項）。

②所有者不明土地管理人は、正当な事由があるときは、裁判所の許可を得て、辞任することができる（同条2項）。

## （6）所有者不明土地管理人の報酬等（改正民法264条の7）

①所有者不明土地管理人は、所有者不明土地等から裁判所が定める額の費用の前払及び報酬を受けることができる（同条1項）。➡例えば管理の対象となる土地を検分中に土砂崩れが発生した場合の損害は必要費用として土地所有者に請求できる。立て替えた費用も請求できる。

②所有者不明土地管理人による所有者不明土地等の管理に必要な費用及び報酬は、所有者不明土地等の所有者（その共有持分を有する者を含む。）の負担とする（同条2項）。

## （7）所有者不明土地管理制度における供託等及び取消し

①所有者不明土地管理人は、所有者不明土地管理命令の対象とされた土地又は共有持分及び所有者不明土地管理命令の効力が及ぶ動産の管理、処分その他の事由により金銭が生じたときは、その所有者（その共有持分を有する者を含む。）のために、当該金銭を所有者不明土地管理命令の対象とされた土地（共有持分を対象として所有者不明土地管理命令が発令された場合にあっては、共有物である土地）の所在地の供託所に供託することができる。この場合において、供託をしたときは、法務省令で定めるところにより、その旨その他法務省令で定める事項を公告しなければならない（非訟事件手続法90条8項）。

---

*97 （7）は、非訟事件手続法91条の内容の一部であるので、問題がある場合は原条文参照。

②裁判所は、管理すべき財産がなくなったとき（管理すべき財産の全部が供託されたときを含む。）その他財産の管理を継続することが相当でなくなったときは、所有者不明土地管理人若しくは利害関係人の申立てにより又は職権で、所有者不明土地管理命令を取り消さなければならない（同条10項）。

③所有者不明土地等の所有者（その共有持分を有する者を含む。）が所有者不明土地等の所有権（その共有持分を含む。）が自己に帰属することを証明したときは、裁判所は、当該所有者の申立てにより、所有者不明土地管理命令を取り消さなければならない。この場合において、所有者不明土地管理命令が取り消されたときは、所有者不明土地管理人は、当該所有者に対し、その事務の経過及び結果を報告し、当該所有者に帰属することが証明された財産を引き渡さなければならない（同条11項）。

<hr>

**所有者不明建物管理命令**

## (8) 所有者不明建物管理命令（改正民法264条の8）

①裁判所は、所有者を知ることができず、又はその所在を知ることができない建物（建物が数人の共有に属する場合にあっては、共有者を知ることができず、又はその所在を知ることができない建物の共有持分）について、必要があると認めるときは、利害関係人の請求により、その請求に係る建物又は共有持分を対象として、所有者不明建物管理人（④の所有者不明建物管理人をいう。以下同じ。）による管理を命ずる処分（以下「所有者不明建物管理命令」という。）をすることができる（同条1項）。

②所有者不明建物管理命令の効力は、当該所有者不明建物管理命令の対象とされた建物（共有持分を対象として所有者不明建物管理命令が発令された場合にあっては、共有物である建物）にある動産（当該所有者不明建物管理命令の対象とされた建物又は共有持分を有する者が所有するものに限る。）及び当該建物又は共有持分を有するための建物の敷地に関する権利（賃借権その他の使用及び収益を目的とする権利（所有権を除く。）であって、当該所有者不明建物管理命令の対象とされた建物又は共有持分を有する者が有するものに限る。）に及ぶ（同条2項）。

③所有者不明建物管理命令は、所有者不明建物管理命令が発令された後に当該所有者不明建物管理命令が取り消された場合において、当該所有者不明建物管理命令の対象とされた建物又は共有持分並びに当該所有者不明建物管理命

令の効力が及ぶ動産及び建物の敷地に関する権利の管理、処分その他の事由により所有者不明建物管理人が得た財産について、必要があると認めるときも、することができる（同条3項）。

④裁判所は、所有者不明建物管理命令をする場合には、所有者不明建物管理命令において、所有者不明建物管理人を選任しなければならない（同条4項）。

⑤（2）から（7）までの規定は、所有者不明建物管理命令について準用する（同条5項、非訟事件手続法90条16項）。[98]

　　(注) 所有者不明建物管理命令に関する規律は、建物の区分所有等に関する法律における専有部分及び共用部分については、別途検討するために適用しないものとする（区分所有法第6条4項）。
　　➡ 現在マンションに関しては別制度で対処すべく検討が始まっています。

---

**コラム／ 表題部所有者不明土地と所有者不明土地の違いと関係について**

　表題部所有者不明土地という言葉を聞いたことがありますか。この用語は、「表題部所有者不明土地の登記及び管理の適正化に関する法律」（以下「新法」といいます。）において、既に使用されているものです。この法律では、具体的には、（1）表題部所有者不明土地の登記の適正化を図るための措置として、登記官に所有者の探索のために必要となる調査権限を付与するとともに、所有者等探索委員制度を創設するほか、所有者の探索の結果を登記に反映させるための不動産登記法の特例が設けられましたし、（2）所有者の探索を行った結果、所有者を特定することができなかった表題部所有者不明土地について、その適正な管理を図るための措置として、裁判所の選任した管理者による管理を可能とする制度が設けられました。

　この新法は、（1）については令和元年11月22日から、（2）については令和2年11月1日から施行されました。

　新法では、①登記官による所有者等の探索及び所有者等探索委員による調査がされた結果、その所有者又は所有権が帰属していた者を特定することができないと判断されたため、表題部所有者として登記すべき者がない旨の登記がされているもの（所有者等特定不能土地）、②表題部所有者不明土地が法人でない社団に帰属することは判明したものの、代表者を特定することができないなどと判断されたため、表題部所有者として登記すべき者がない旨の登記がされているもの（特定社団等帰属土地）がこれにあたります。

---

*98 所有者不明建物管理命令についても非訟事件手続法90条6項が適用されるが、未登記建物の場合、職権で登記することは前提としておらず、管理者が建物に登記をするか否かは裁判所の管理命令の内容によるとのことである。

このような所有者等特定不能土地等については、同法において、裁判所は、必要があると認めるときは、利害関係人の申立てにより、特定不能土地等管理者等による管理を命ずる処分（以下「特定不能土地等管理命令等」という。同法第19条及び第30条第1項参照）をすることができるとされています。

　所有者等特定不能土地等も、「所有者を知ることができない土地」に当たると考えられますが、所有者等特定不能土地は、登記官等による専門的知見に基づいた探索を経てもなお所有者を特定することができない土地であり、将来にわたって所有者等を特定することができないままとなる蓋然性が類型的に高いものです。これに対し、所有者不明土地管理制度においては、歴史的経緯とは無関係に、現時点において所有者又はその所在が不明である土地が対象とされており、将来における所有者及びその所在が判明する可能性は事案ごとに様々です。

　こうした差異を踏まえると、所有者不明土地管理制度における所有者不明土地管理人と、表題部所有者不明土地における特定不能土地等管理者等とでは、土地の売却の可否などに関する管理の在り方が類型的に異なると考えられ、また、取引の相手方となる第三者にとっても、管理人が所有者不明土地管理人であるか特定不能土地等管理者等であるかは取引の成否にかかわる重要な考慮要素となり得ると考えられます。

　そのため、制度を一本化することは相当でなく、所有者不明土地管理制度を創設したとしても、特定不能土地等管理者等制度をなお存置する必要があると考えられます。

　もっとも、所有者等特定不能土地等につき、両制度のいずれの適用も受けられることとすると、制度を併存させる意味が失われてしまうため、表題部所有者不明土地法に規定する所有者特定不能土地等及び特定社団等帰属土地については、同法に基づく特定不能土地等管理命令等の規律のみを適用することが想定されています。

## 【表題部所有者不明土地の所有者の探索】

　前記のとおり、表題部所有者不明土地法に規定する所有者等特定不能土地及び特定社団等帰属土地については、同法に基づく特定不能土地等管理命令等の規律のみを適用することが想定されていますが、他方で、同法第15条第1項の表題部所有者の登記がされていないものについては、登記官における探索が開始している場合を含め、所有者不明土地管理制度に基づく管理命令がされ得ます。

**○表題部所有者不明土地である場合に、どこまで調査をすれば所有者不明土地管理制度における所有者不明といえるのか？**

　表題部所有者不明土地であっても、必要な調査を尽くしても所有者等を知ることができない所有者不明土地に当たるかどうかを裁判所が事案に応じて判断することになる点では、表題部所有者不明土地でない土地と同様です。

　ただし、表題部所有者不明土地の所有者の探索の方法は、登記名義人の住所及び氏名が正常に登記されている土地とは自ずと異なってくる面があります。例えば、氏名のみの土地やいわゆる記名共有地（表題部所有者がＡほか○名とされているもの）においては、表題部所有者として登記されている者が誰であるかを把握するために、周辺土地の閉鎖登記簿や旧土地台帳を調査し、同一氏名について住所が記載されている者が存在しないかなどの調査をすることになると考えられます。

　なお、表題部所有者不明土地法に基づく登記官による探索が開始している場合には、必要があると認められれば、裁判所の調査嘱託の方法によってその探索の経過に関する資料を入手し、これを要件該当性の判断資料として活用することも考えられます。

# 第8章 管理不全土地管理命令及び管理不全建物管理命令

 管理不全土地管理命令及び管理不全建物管理命令とはどのような
制度ですか。

**A1**

　管理不全土地管理命令及び管理不全建物管理命令について、次のような規定が
設けられました。

### (1) 管理不全土地管理命令（改正民法264条の9）

　①裁判所は、所有者による土地の管理が不適当であることによって他人の権利
　　又は法律上保護される利益が侵害され、又は侵害されるおそれがある場合に
　　おいて、必要があると認めるときは、利害関係人の請求により、当該土地を
　　対象として、管理不全土地管理人（③（第三項）に規定する管理不全土地管
　　理人をいう。以下同じ。）による管理を命ずる処分（以下「管理不全土地管
　　理命令」という。）をすることができる（同条1項)[99]。

　②管理不全土地管理命令の効力は、当該管理不全土地管理命令の対象とされた
　　土地にある動産（当該管理不全土地管理命令の対象とされた土地の所有者又
　　はその共有持分を有する者が所有するものに限る。）に及ぶ（同条2項）。

　③裁判所は、管理不全土地管理命令をする場合には、当該管理不全土地管理命
　　令において、管理不全土地管理人を選任しなければならない（同条3項）。

　　(注) 管理不全土地管理命令及び管理不全建物管理命令に関する非訟事件は、裁判を求める事項に
　　　　係る不動産の所在地を管轄する地方裁判所の管轄に属するものとするなど、裁判所の手続に
　　　　関しては所要の規定（裁判所は、管理不全土地管理命令等の一定の裁判をする場合には、そ
　　　　の対象とされた土地の所有者の陳述を聴かなければならないが、裁判所が管理不全土地管理
　　　　命令をする場合において、その陳述を聴く手続を経ることによりその申立ての目的を達する
　　　　ことができない事情があるときはこの限りでない旨の規定や、これらの裁判に対する即時抗
　　　　告の規定を含む。）を整備する（非訟事件手続法91条）。

---

[99] 管理不全土地管理制度では、所有者又はその所在が不明な場合でも、所有者が土地を管理していない
　　ことにより他人の権利等が侵害されるときなどに、必要に応じて管理不全土地管理人を選任できる。
　　この場合の所有者不明土地管理制度との優先関係については所有者不明土地管理制度が優先する。同
　　管理人には管理処分権があるからです（部会資料39・16頁）。但し、所有者不明土地管理制度では職権
　　登記がなされるので（非90⑥）現実の競合は想定しにくい。

**Q₂** Q1の上記（注）の趣旨を説明して下さい。
➡部会資料56・22頁

**A₂**

　（注）では、整備する規律の内容として、裁判所は、管理不全土地管理命令等の一定の裁判をする場合には、その対象とされた土地の所有者の陳述を聴かなければならないが、裁判所が管理不全土地管理命令をする場合において、その陳述を聴く手続を経ることによりその申立ての目的を達することができない事情があるときはこの限りでない旨の規定や、これらの裁判に対する即時抗告の規定を含む旨を記載しています。

　（部会資料50の1（1）（注）参照）。➡上記と同様の内容で問題提起の内容

 **Q₃** 管理不全土地管理命令を発令する前後の手続きについて教えて下さい。➡部会資料56・22頁

**A₃**

➡民法264条の10、非訟事件手続法91条

### ①発令段階

　管理不全土地管理命令を発するためには、原則として、土地所有者の陳述聴取が必要となります。裁判所は、この陳述聴取の結果も考慮して、発令するかどうかを判断することになり、例えば、土地所有者が反対するなどして、管理人が実際に管理を行うことが難しいと判断されるケースでは、管理不全土地管理命令が発令されないことが考えられます（このケースでは、物権的請求権等の他の方策により是正すべきことになります。）。

　これに対して、土地所有者が異議を述べないなどして管理人の選任に特段の支障がないケースでは、管理不全土地管理命令が発令されると考えられます。

### ②発令後

　管理不全土地管理命令が発せられ管理不全土地管理人が選任されたが、その後に、その土地の所有者が管理不全土地管理人による土地の立入りを不当に拒む行為をすることもあり得えます。この場合には、管理不全土地管理人は、管理権侵害を理由として、訴訟においてその妨害行為の停止を求めることもできると考えられます。

　ただし、そのような訴訟追行をすることは、発令段階では予定されていなかっ

たことであり、申立人に対して予納金の追納が求められるなど、新たな負担が生ずるケースもあると思われます。そのような負担を伴ってもなお管理不全土地管理人の選任を継続するか、管理命令を取り消すか（別途の方策により是正を図るか）については、申立人の意向等も含め諸般の事情を踏まえたケースバイケースの判断になると思われます。

### ③管理不全土地の処分をする段階

　管理不全土地管理命令が発せられ管理不全土地管理人が選任された後に、管理不全土地管理人が土地を処分する際には、①（発令段階）とは別途に土地所有者の陳述聴取が必要となります。

　管理不全土地管理人により土地の保存行為がされることと、土地の処分行為がされることとは、土地所有者に与える影響が大きく異なっており、前者については容認するが、後者までは容認しないという考えを有している土地所有者もいると思われます。

　このような土地所有者にとって、発令段階での陳述聴取と、処分をする際の裁判所の許可をする段階での陳述聴取とは異なる意味を持つと考えられるため、土地所有者の手続保障の観点から、処分をする際の裁判所の許可をする段階では改めて陳述聴取を要することとしているものです。

**Q4** **管理不全土地管理人の権限について説明して下さい。**
➡改正民法264条の10

**A4** ‥‥‥‥‥‥‥‥‥‥‥‥‥‥‥‥‥‥‥‥‥‥‥‥‥‥‥‥‥‥‥‥‥‥‥‥‥‥

①管理不全土地管理人は、管理不全土地管理命令の対象とされた土地及び管理不全土地管理命令の効力が及ぶ動産並びにその管理、処分その他の事由により管理不全土地管理人が得た財産（以下「管理不全土地等」という。）の管理及び処分をする権限を有する（同条1項）。

②管理不全土地管理人が次に掲げる行為の範囲を超える行為をするには、裁判所の許可を得なければならない。ただし、この許可がないことをもって善意でかつ過失がない第三者に対抗することができない（同条2項）。➡所有者不明土地管理人の場合は善意の第三者に対抗できないとしている（264条の3第2項）。その理由はQ7参照。

　ア　保存行為
　イ　管理不全土地等の性質を変えない範囲内において、その利用又は改良を

目的とする行為

③管理不全土地管理命令の対象とされた土地の処分についての前項の許可をするには、<u>その所有者の同意がなければならない（同条3項）</u>。

 **管理不全土地管理人の義務について説明して下さい。**
➡改正民法264条の11

**A5**

①管理不全土地管理人は、管理不全土地等の所有者のために、善良な管理者の注意をもって、その権限を行使しなければならない（同条1項）。

②管理不全土地等が数人の共有に属する場合には、管理不全土地管理人は、その共有持分を有する者全員のために、誠実かつ公平にその権限を行使しなければならない（同条2項）。

**Q6** **管理不全土地管理人が土地を処分する場合の要件について説明して下さい**➡部会資料56・22頁

**A6**

管理不全土地管理人が土地の処分をするための実体的要件については、部会資料52の第3の2（3）③では、「その所有者が異議を述べない場合」としていました。もっとも、改めて検討すると、この要件では、その所有者が土地の処分について反対の意思を有していたとしても、自ら積極的に異議を述べない限り、土地の処分がされ得ることとなります。

そこで、改正民法264条の10第3項では、所有者の意思を尊重する観点から、土地の処分をするには、その所有者の同意がなければならないこととしました。

なお、第22回会議では、土地の処分をするための要件を設けることについて疑問があるとする意見もありましたが、土地所有者が土地の処分について同意しない場合にまで本手続の中でその土地を処分することを正当化することは、難しいと思われます。

**所有者不明土地管理制度と管理不全土地管理制度とで、第三者保護要件について差異がありますか。**

➡部会資料56・23頁、部会資料52・7頁、8頁

## A7

　所有者不明土地管理人が裁判所の許可を得ないでした処分行為は善意の第三者に対抗できない（改正民法264条の3第2項）としているのに対し、管理不全土地管理人が裁判所の許可を得ないでした処分行為は善意で過失のない第三者に対抗できない（改正民法264条の10第2項）と規定されています。この点に関し、第22回会議においては、所有者不明土地管理制度と管理不全土地管理制度とで、管理人が裁判所の許可を得るべきであるのにこれを得ずにした行為の相手方（土地所有者からみた第三者）が保護されるための要件を異なるものとするのは相当でないという意見がありました。

　もっとも、所有者不明土地管理命令がされた場合においては、所有者等が不明となっている土地を適切に管理するためには、所有者不明土地管理人が第三者との間で土地の管理行為はもとより処分行為をすることも一般的に想定されるものです。土地の管理処分権を管理人に専属させているのも、所有者不明土地管理人の行う取引の安全を重視していることを表すものであると解されます。

　これに対して、管理不全土地管理命令は、所有者が判明しているときであっても発令されるものであり、管理不全土地管理人が第三者との間で土地の処分行為を行うことは、所有者不明土地管理命令の場合のようには想定し難く、取引の安全を重視する度合いが所有者不明土地管理命令がされた場合とは異なっています。土地の管理処分権を管理不全土地管理人に専属させていないことも（裁判所が許可するには所有者の許可を得なければならない。改正民法264条の10第3項）、このことを表すものであると解されるように、二つの制度は、土地の管理に特化した制度という面では共通するものの、用いられる場面や取引の安全を重視する度合いに差のある異なる制度であって、第三者として保護されるために求められる要件に差異を設け、後者については静的安全をより重視した規律とすることも、合理性を有するものと考えられます。

　そこで、この点については部会資料52の本文第3の2（2）②を維持しています。

**Q8** 管理不全土地管理人のその他の規定を教えて下さい。

**A8**

**(1) 管理不全土地管理人の解任及び辞任（同264条の12）**

①管理不全土地管理人がその任務に違反して管理不全土地等に著しい損害を与えたことその他重要な事由があるときは、裁判所は、利害関係人の請求により、管理不全土地管理人を解任することができる（同条1項）。

②管理不全土地管理人は、正当な事由があるときは、裁判所の許可を得て、辞任することができる（同条2項）。

**(2) 管理不全土地管理人の報酬等（同264条の13）**

①管理不全土地管理人は、管理不全土地等から裁判所が定める額の費用の前払及び報酬を受けることができる（同条1項）。

②管理不全土地管理人による管理不全土地等の管理に必要な費用及び報酬は、管理不全土地等の所有者の負担とする（同条2項）。

**(3) 管理不全土地管理制度における供託等及び取消し**

①管理不全土地管理人は、管理不全土地管理命令の対象とされた土地及び管理不全土地管理命令の効力が及ぶ動産の管理、処分その他の事由により金銭が生じたときは、その所有者（その共有持分を有する者を含む。）のために、当該金銭を管理不全土地管理命令の対象とされた土地の所在地の供託所に供託することができる。この場合において、供託をしたときは、法務省令で定めるところにより、その旨その他法務省令で定める事項を公告しなければならない（非訟事件手続法91条5項）。

②裁判所は、管理すべき財産がなくなったとき（管理すべき財産の全部が供託されたときを含む。）その他財産の管理を継続することが相当でなくなったときは、管理不全土地管理人若しくは利害関係人の申立てにより又は職権で、管理不全土地管理命令を取り消さなければならない（同条7項）。

**(4) 管理不全建物管理命令（改正民法264条の14）**

①裁判所は、所有者による建物の管理が不適当であることによって他人の権利又は法律上保護される利益が侵害され、又は侵害されるおそれがある場合に

おいて、必要があると認めるときは、利害関係人の請求により、当該建物を対象として、管理不全建物管理人（③の管理不全建物管理人をいう。）による管理を命ずる処分（以下この条において「管理不全建物管理命令」という。）をすることができる（同条1項）。

②管理不全建物管理命令は、当該管理不全建物管理命令の対象とされた建物にある動産（当該管理不全建物管理命令の対象とされた建物の所有者又はその共有持分を有する者が所有するものに限る。）及び当該建物を所有するための建物の敷地に関する権利（賃借権その他の使用及び収益を目的とする権利（所有権を除く。）であって、当該管理不全建物管理命令の対象とされた建物の所有者又はその共有持分を有する者が有するものに限る。）に及ぶ（同条2項）。

③裁判所は、管理不全建物管理命令をする場合には、当該管理不全建物管理命令において、管理不全建物管理人を選任しなければならない（同条3項）。

④管理不全土地管理命令に関する①管理不全土地管理人の権限（Q4・264条の10）、②管理不全土地管理人の義務（Q5・同条の11）、③管理不全土地管理人の解任及び辞任（Q8（1）・同条の12）、④管理不全土地管理人の報酬等（Q8（2）・同条の12）、⑤管理不全土地管理制度における供託等及び取消し（Q8（3）・同条の13）までの規定は、管理不全建物管理命令について準用する（264条の14第4項）。

(注)　管理不全建物管理命令に関する規律は、建物の区分所有等に関する法律における専有部分及び共用部分については、別途検討するため適用しないものとする。➡（区分所有法第6条4項）。

# 第9章　相続財産等の管理

**Q₁** 相続財産等の管理についてどのような規定が設けられましたか。

**A₁**

## (1) 相続財産の管理（改正民法民897条の2*¹⁰⁰*¹⁰¹・同918条）

　相続財産の管理について、次のような規定が設けられました。（これに伴い、民法第918条第2項及び第3項並びに第926条第2項及び第940条第2項のうち新しい相続財産の管理規定と重複・抵触する部分が削除されました）。

　①家庭裁判所は、利害関係人又は検察官の請求によって、いつでも、<u>相続財産管理人の選任その他相続財産の保存に必要な処分</u>を命ずることができる。ただし、相続人が一人である場合においてその相続人が相続の単純承認をしたとき、相続人が数人ある場合において遺産の全部の分割がされたとき又は民法第952条第1項の規定により相続財産の清算人が選任されているときは、同処分を命ずることはできません（改正民法897条の2第1項）。

---

*¹⁰⁰ 改正民法第897条の2は、「家庭裁判所は、利害関係人又は検察官の請求によって、いつでも、相続財産の管理人の選任その他の相続財産の保存に必要な処分を命ずることができる。ただし、相続人が一人である場合においてその相続人が相続の単純承認をしたとき、相続人が数人ある場合において遺産の全部の分割がされたとき、又は第952条第1項（相続人があることが明らかでない場合）の規定により相続財産の清算人が選任されているときは、この限りでない。
　2　第27条から第29条までの規定は、前項の規定により家庭裁判所が相続財産の管理人を選任した場合について準用する。」と規定し、旧法下で利用できなかった①単純承認後から遺産分割までの場面や②相続人不明の場面にも「切れ目」のない統一的な保存型の相続財産管理制度としました。➡相続財産管理人の選任にあたっては、管理人を選任する必要性が要件となる。相続人が保存行為をせず、又は相続人が不分明の場合である。相続財産管理人の管理費用を捻出するために相続財産を処分するためには裁判所の許可が必要であり（民法28条及び103条）、相続財産の処分のみを目的として管理人の選任を申し立てても基本的に必要性は認められない（部会資料34・11頁参照）。なお、管理人が選任された場合、相続人の管理権が制限されるか否かは引き続き解釈に委ねられる（部会資料34・13頁）。
*¹⁰¹ 相続債務は遺産分割の対象ではなく管理人による債務の弁済は認められないとされているが、弁済期の到来している債務の弁済は許されないと相続財産に対する強制執行を招くので基本的に許されるべきとする見解がある（荒井Q＆A189頁）。他方で借地上の建物の地代の支払は相続財産維持の観点から許容されるという（部会資料34・16頁参照）。訴訟遂行は適切な管理の観点から望ましい場合は許容される。但し、相続人の意向を確認する必要がある（同17頁、18頁）。

②民法第27条から第29条までの規定は、①の規律により家庭裁判所が相続財産の管理人を選任した場合について準用する（同条2項）。

## (2) 相続の放棄をした者による管理（同940条）

民法第940条第1項の規定が次のように改正されました。

相続の放棄をした者が、その放棄の時に相続財産に属する財産を現に占有しているときは、相続人又は民法第952条第1項の相続財産の清算人に対して当該財産を引き渡すまでの間、自己の財産におけるのと同一の注意をもって、その財産を保存しなければならない*102。

---

**改正民法940条の「現に占有しているときは、」の意味**

 改正民法940条第1項の趣旨及び「相続財産に属する財産を現に占有しているときは、」の意味について教えて下さい。

ここでは、「占有」をすることができる財産のみを直接の対象としていることを明らかにする意味で、「財産を現に占有している」と表現したものです。

---

**不在者財産管理制度等における供託及び取消**

 不在者財産管理制度及び相続財産管理制度における供託等及び取消し（家事事件手続法146条の2）について説明して下さい。

不在者財産管理人による供託等に関し、次のような規定を設けるとともに、不在者の財産の管理に関する処分の取消しの規定を見直し、管理すべき財産の全部が供託されたときをその処分の取消事由とした上で、相続財産管理人についてもこれらの規律を準用するものとしています。

①家庭裁判所が選任した管理人は、不在者の財産の管理、処分その他の事由により金銭が生じたときは、不在者のために、当該金銭を不在者の財産の管理に関する処分を命じた裁判所の所在地を管轄する家庭裁判所の管轄区域内の

---

*102 相続人が相続財産の引渡しを拒んだ場合は、放棄者は、供託（民494条①1号又は2号）をすることで義務を免れることができる（部会資料29・4頁）。相続放棄と放棄者の民940①を根拠とする空家管理問題については荒井Q＆A192頁に詳しい。

供託所に供託することができる（同条1項）。

②家庭裁判所が選任した管理人は、①の規律による供託をしたときは、法務省令で定めるところにより、その旨その他法務省令で定める事項を公告しなければならない（同条2項）。

**相続財産管理人と他の管理人との権限の優劣関係**

 **相続財産管理人と他の管理人との権限や優劣関係について教えて下さい。➡部会資料51・17頁、部会資料43の2頁及び3頁**

　第18回会議においては、改正民法897条1項により選任された相続財産管理人と、相続人や他の規律により選任される管理人との権限や優劣関係の整理を求める意見がありましたが、同条2項の相続財産管理人は、いわば、旧法の民法第918条第1項の相続財産管理を命ずることが可能な場面を拡張するものであって、同項により選任される相続財産管理人の地位や権限等を変えるものではないから、相続人や他の既存の規律により選任される管理人との関係等についても、同項の相続財産管理人との関係等と同じになると考えられます。

　なお、新設される所有者不明土地管理人との関係については、所有者不明土地管理人が選任されているときは、その土地の管理処分権は所有者不明土地管理人に専属することとなること（改正民法264条の3第1項、部会資料43本文（1）イ①参照）から、本条1項の相続財産管理人がその土地について管理処分権を有することはありません。

**相続財産の清算人への名称変更について**

Q5　**相続財産の清算についてどのような改正がなされましたか。**

A5

　家庭裁判所が利害関係人、検察官の請求によって897条の2で相続財産の保存のために選任される「財産管理人」の名称は維持されますが、従前清算目的で選任されていた限定承認の場合と民法第936条第1項及び相続人不存在の場合の第952条の「相続財産の管理人」の名称は「相続財産の清算人」に改められました。

**6** 改正民法第936条第1項及び第952条の「相続財産の管理人」の名称を「相続財産の清算人」に改める理由を教えて下さい。

➡部会資料51・19頁

**A6**

第15回会議で指摘があったとおり、今般の見直しでは、相続人のあることが明らかでない場合、第897条の2第1項のとおり相続財産の清算を目的としない相続財産管理人の選任を可能とすることとしていますが、異なる目的を有するものを同一の名称で呼ぶことは相当ではないと考えられます。そこで、第897条の2第1項の相続財産の保存のための相続財産管理制度との区別の観点から、民法第952条第1項に基づき選任される「相続財産の管理人」の名称を「相続財産の清算人」に改められました。

また、相続人が数人ある場合の限定承認に関する民法第936条第1項に基づき選任される相続財産管理人も、相続財産の清算を行うことをその職務とするものですから、同様の観点から、同項に基づき選任される「相続財産の管理人」の名称を「相続財産の清算人」と改められました。

**7** 民法第952条（相続財産管理人の選任）以下の清算手続の合理化について説明して下さい。

**A7**

民法第952条第2項及び第957条第1項の規律をそれぞれ次のように改正し、旧法の相続人の捜索の公告に関する第958条が削除されました。

①民法第952条第1項の規定により相続財産の清算人を選任したときは、家庭裁判所は、遅滞なく、その旨及び相続人があるならば一定の期間内にその権利を主張すべき旨を公告しなければならない。この場合において、その期間は、6箇月を下ることができない（民法952条2項）。

②①の公告があったときは、相続財産の清算人は、全ての相続債権者及び受遺者に対し、2箇月以上の期間を定めて、その期間内にその請求の申出をすべき旨を公告しなければならない。この場合において、その期間は、①の規律により相続人が権利を主張すべき期間として家庭裁判所が公告した期間が満了するまでに満了するものでなければならない（同957条1項）。

**相続人不存在の場合の相続財産の清算手続**

 改正民法における相続人不存在の場合の相続財産の清算手続は、どうようになりましたか。

**A8** ‥‥‥‥‥‥‥‥‥‥‥‥‥‥‥‥‥‥‥‥‥‥‥‥‥‥‥‥‥‥‥‥‥‥

　旧法では、家庭裁判所による相続財産管理人の選任の公告（旧民952条2項）、相続財産管理人による相続債権者等に請求の申出をすべきことの公告（旧民957条2項）、家庭裁判所による相続人捜索の公告（旧民958条）が必要とされていましたので権利確定までに10ヶ月以上を必要としました。

　改正法では、家庭裁判所による相続財産の清算人の選任と相続人捜索の公告（改正民952条2項－別表の項目2）と相続財産の清算人による相続債権者等に対する請求の申出をすべき旨の公告（改正民957条1項－別表の項目3）の2回の公告をすることにして、手続が簡略化されました。それとともに、家庭裁判所による相続財産の清算人の選任と相続人捜索の公告（別表の項目2）で権利を主張すべきことを定めた期間内に相続財産の清算人による相続債権者等に対する請求の申出をすべき旨の公告（別表の項目3）を併行して行うことにしました。

　これにより、旧法時よりも相続人の不存在の確定までに要する期間を、短縮することが可能となりました。

　改正民法における具体的な相続人不存在の場合の相続財産の清算手続は、下記の表のとおりです。

| 相続人不存在の場合の相続財産の清算手続 | | | |
|---|---|---|---|
| 6ヶ月以上 | | 1 | 家庭裁判所に対する利害関係人又は検察官による相続財産の清算人選任の請求（改正民952条1項） |
| | | 2 | 家庭裁判所による、相続財産の清算人選任及び相続人があるならば一定期間内（6ヶ月以上）にその権利を主張すべき旨の公告（改正民952条2項）。<br>＊公告は家庭裁判所の掲示板に掲示し、かつ官報に掲載する。 |
| | 2ヶ月以上 | 3 | 相続財産の清算人による、全て相続債権者及び受遺者に対し、2ヶ月以上の期間を定めて、その請求の申出をすべき旨の公告（改正民957条1項1文）。<br>＊その期間は、2の公告の期間内に満了するものでなければならない（改正民957条1項2文）。<br>＊公告は官報にする。<br>＊知れている債権者及び受遺者に対しては、個別に債権の申出をするよう催告する（改正民957条2項、927条3項）。 |

| | | | |
|---|---|---|---|
| 3ヶ月以内 | | 4 | 相続人不存在の確定<br>＊2の公告の期間内に相続人として権利主張する者がないときは、相続人並びに相続財産の清算人に知れなかった相続債権者及び受遺者はその権利を行使できなくなる（改正民958条）。<br>＊2の公告の期間の満了後3ヶ月以内の特別縁故者からの相続財産分与の申立て（改正民958条の2①②）。<br>＊同申立てがあった場合の家庭裁判所から相続財産の清算人に対する通知と意見聴取（改正家事手続205条） |
| | | 5 | 特別縁故者の請求に基づく家庭裁判所による相続財産の分与（改正民958条の2①、改正家事手続204条） |
| | | 6 | 残余相続財産の国庫帰属と引渡し（民959）<br>＊相続財産の清算人から不動産や株券については所轄の財務局長へ、金銭債権、現金その他の動産は家庭裁判所に引き継ぐ。 |

**改正民法957条1項の趣旨**

## 改正民法957条1項の趣旨について教えて下さい。

➡部会資料51・19頁・部会資料45の2（2）①及び②

相続人捜索の公告（改正民法952条2項）の期間内に相続人としての権利を主張する者がないときは、管理人に知れなかった相続債権者及び受遺者も含めいわゆる失権効が生ずることになる（第958条の2）ことから、相続債権者及び受遺者に対し請求の申出を促すための公告（改正民法957条1項）の期間については、952条2項の公告期間の満了するまでに満了する必要があります。

また、部会資料45の2（2）②では、上記の公告があった後2箇月以内に相続人のあることが明らかにならなかったときに、相続債権者等に対する請求の申出の公告をすることとしていましたが、同公告から必ず2箇月経過しなければ請求の申出の公告をすることができないとするまでの理由はなく、相続財産の清算人が事案に応じて適切と認める時期にこの公告をすれば足りると考えられます。そこで、改正民法958条の2の特別縁故者に対する相続財産の分与の請求は、「952条2項の期間の満了後3箇月以内にしなければならない。」旨の文言が明記されました。

**相続財産の保存、請求に関する経過措置**

**Q**₁₀ **相続財産の保存、請求に関する経過措置について解説して下さい。**

**A**₁₀

　旧民法918条2項（相続人の相続財産の保存）に関する「家庭裁判所は、利害関係人又は検察官の請求によって、いつでも、相続財産の保存に必要な処分を命ずることができる。」との規定【926条2項《限定承認》、936条3項《相続人が数人ある場合の財産管理》、940条2項《相続放棄した者の管理》にも準用されている】により令和5年4月1日の施行日前になされた相続財産の保存に必要な処分、同処分の請求は、施行日以後は、新民法第897条の2の規定によりされた相続財産の保存に必要な処分、請求とみなされます（施行規則2条）。

第9章

# 附　　則 (令和3年4月28日法律第24号)

（施行期日）

第1条　この法律は、公布の日から起算して2年を超えない範囲内において政令で定める日から施行する。ただし、次の各号に掲げる規定は、当該各号に定める日から施行する。

　　1　第2条中不動産登記法第131条第5項の改正規定及び附則第34条の規定　公布の日

　　2　第2条中不動産登記法の目次の改正規定、同法第16条第2項の改正規定、同法第4章第3節第2款中第74条の前に1条を加える改正規定、同法第76条の次に5条を加える改正規定（第76条の2及び第76条の3に係る部分に限る。）、同法第119条の改正規定及び同法第164条の改正規定（同条に1項を加える部分を除く。）並びに附則第5条第4項から第6項まで、第6条、第22条及び第23条の規定　公布の日から起算して3年を超えない範囲内において政令で定める日

　　3　第2条中不動産登記法第25条第7号の改正規定、同法第76条の次に5条を加える改正規定（第76条の4から第76条の6までに係る部分に限る。）、同法第119条の次に1条を加える改正規定、同法第120条第3項の改正規定及び同法第164条の改正規定（同条に1項を加える部分に限る。）並びに附則第5条第7項の規定　公布の日から起算して5年を超えない範囲内において政令で定める日

（相続財産の保存に必要な処分に関する経過措置）

第2条　この法律の施行の日（以下「施行日」という。）前に第1条の規定による改正前の民法（以下「旧民法」という。）第918条第2項（旧民法第926条第2項（旧民法第936条第3項において準用する場合を含む。）及び第940条第2項において準用する場合を含む。次項において同じ。）の規定によりされた相続財産の保存に必要な処分は、施行日以後は、第1条の規定による改正後の民法（以下「新民法」という。）第897条の2の規定によりされた相続財産の保存に必要な処分とみなす。

2　施行日前に旧民法第918条第2項の規定によりされた相続財産の保存に必要な処分の請求（施行日前に当該請求に係る審判が確定したものを除く。）は、施行日以後は、新民法第897条の2の規定によりされた相続財産の保存に必要な処分の請求とみなす。

（遺産の分割に関する経過措置）

第3条　新民法第904条の3及び第908条第2項から第5項までの規定は、施行日前に相続が開始した遺産の分割についても、適用する。この場合において、新民法第904条の3第1号中「相続開始の時から10年を経過する前」とあるのは「相続開始の時から10年を経過する時又は民法等の一部を改正する法律（令和3年法律第24号）の施行の時から5年を経過する時のいずれか遅い時まで」と、同条第2号中「10年の期間」とあるのは「10年の期間（相続開始の時から始まる10年の期間の満了後に民法等の一部を改正する法律の施行の時から始まる5年の期間が満了する場合にあっては、同法の施行の時から始まる5年の期間）」と、新民法第908条第2項ただし書、第3項ただし書、第4項ただし書及び第5項ただし書中「相続開始の時から10年」とあるのは「相続開始の時から10年を経過する時又は民法等の一部を改正する法律の施行の時から5年を経過する時のいずれか遅い時」とする。


（相続財産の清算に関する経過措置）

第4条　施行日前に旧民法第936条第1項の規定により選任された相続財産の管理人は、施行日以後は、新民法第936条第1項の規定により選任された相続財産の清算人とみなす。

2　施行日前に旧民法第952条第1項の規定により選任された相続財産の管理人は、新民法第940条第1項及び第953条から第956条までの規定の適用については、新民法第952条第1項の規定により選任された相続財産の清算人とみなす。

3　施行日前に旧民法第952条第1項の規定によりされた相続財産の管理人の選任の請求（施行日前に当該請求に係る審判が確定したものを除く。）は、施行日以後は、新民法第952条第1項の規定によりされた相続財産の清算人の選任の請求とみなす。

4　施行日前に旧民法第952条第1項の規定により相続財産の管理人が選任された場合における当該相続財産の管理人の選任の公告、相続債権者及び受遺者に対する請求の申出をすべき旨の公告及び催告、相続債権者及び受遺者に対する弁済並びにその弁済のための相続財産の換価、相続債権者及び受遺者の換価手続への参加、不当な弁済をした相続財産の管理人の責任、相続人の捜索の公告、公告期間内に申出をしなかった相続債権者及び受遺者の権利並びに相続人としての権利を主張する者がない場合における相続人、相続債権者及び受遺者の権利については、なお従前の例による。

5　施行日前に旧民法第952条第1項の規定により相続財産の管理人が選任された

場合における特別縁故者に対する相続財産の分与については、新民法第958条の2第2項の規定にかかわらず、なお従前の例による。


（不動産登記法の一部改正に伴う経過措置）

第5条　第2条の規定（附則第1条各号に掲げる改正規定を除く。）による改正後の不動産登記法（以下「新不動産登記法」という。）第63条第3項、第69条の2及び第70条の2の規定は、施行日以後にされる登記の申請について適用する。

2　新不動産登記法第70条第2項の規定は、施行日以後に申し立てられる公示催告の申立てに係る事件について適用する。

3　新不動産登記法第121条第2項から第5項までの規定は、施行日以後にされる登記簿の附属書類の閲覧請求について適用し、施行日前にされた登記簿の附属書類の閲覧請求については、なお従前の例による。

4　第2条の規定（附則第1条第2号に掲げる改正規定に限る。）による改正後の不動産登記法（以下「第2号新不動産登記法」という。）第73条の2の規定は、同号に掲げる規定の施行の日（以下「第2号施行日」という。）以後に登記の申請がされる所有権の登記の登記事項について適用する。

5　登記官は、第2号施行日において現に法人が所有権の登記名義人として記録されている不動産について、法務省令で定めるところにより、職権で、第2号新不動産登記法第73条の2第1項第1号に規定する登記事項に関する変更の登記をすることができる。

6　第2号新不動産登記法第76条の2の規定は、第2号施行日前に所有権の登記名義人について相続の開始があった場合についても、適用する。この場合において、同条第1項中「所有権の登記名義人」とあるのは「民法等の一部を改正する法律（令和3年法律第24号）附則第1条第2号に掲げる規定の施行の日（以下この条において「第2号施行日」という。）前に所有権の登記名義人」と、「知った日」とあるのは「知った日又は第2号施行日のいずれか遅い日」と、同条第2項中「分割の日」とあるのは「分割の日又は第2号施行日のいずれか遅い日」とする。

7　第2条の規定（附則第1条第3号に掲げる改正規定に限る。）による改正後の不動産登記法（以下この項において「第3号新不動産登記法」という。）第76条の5の規定は、同号に掲げる規定の施行の日（以下「第3号施行日」という。）前に所有権の登記名義人の氏名若しくは名称又は住所について変更があった場合についても、適用する。この場合において、第3号新不動産登記法第76条の5中「所有権の登記名義人の」とあるのは「民法等の一部を改正する法律（令和3年法律第24

号）附則第1条第3号に掲げる規定の施行の日（以下この条において「第3号施行日」という。）前に所有権の登記名義人となった者の」と、「あった日」とあるのは「あった日又は第3号施行日のいずれか遅い日」とする。

　（第3号施行日の前日までの間の読替え）
第6条　第2号施行日から第3号施行日の前日までの間における第2号新不動産登記法第16条第2項の規定の適用については、同項中「第76条の4まで、第76条の6」とあるのは、「第76条の3まで」とする。

　（家事事件手続法の一部改正に伴う経過措置）
第7条　第4条の規定による改正後の家事事件手続法（以下この条において「新家事事件手続法」という。）第199条第2項及び第273条第2項の規定は、施行日前に相続が開始した遺産の分割についても、適用する。この場合において、新家事事件手続法第199条第2項中「10年を経過した後」とあるのは「10年を経過した後（相続開始の時から始まる10年の期間の満了後に民法等の一部を改正する法律（令和3年法律第24号）の施行の時から始まる5年の期間が満了する場合にあっては、同法の施行の時から5年を経過した後）」と、新家事事件手続法第273条第2項中「10年を経過した後」とあるのは「10年を経過した後（相続開始の時から始まる10年の期間の満了後に民法等の一部を改正する法律の施行の時から始まる5年の期間が満了する場合にあっては、同法の施行の時から5年を経過した後）」とする。
2　施行日前に旧民法第952条第1項の規定により相続財産の管理人が選任された場合における特別縁故者に対する相続財産の分与の審判については、新家事事件手続法第204条第1項の規定にかかわらず、なお従前の例による。
3　施行日前に旧民法第952条1項の規定により選任された相続財産の管理人は、新家事事件手続法第205条から第208条までの規定の適用については、新民法第952条第1項の規定により選任された相続財産の清算人とみなす。

　（外国法人の登記及び夫婦財産契約の登記に関する法律の一部改正）
第8条　外国法人の登記及び夫婦財産契約の登記に関する法律（明治31年法律第14号）の一部を次のように改正する。
　第8条中「、第121条第2項及び第3項、第152条」を「（第6項を除く。）、第121条第3項から第5項まで、第153条」に改める。

（外国法人の登記及び夫婦財産契約の登記に関する法律の一部改正に伴う経過措置）

第9条　前条の規定による改正後の外国法人の登記及び夫婦財産契約の登記に関する法律第8条において準用する新不動産登記法第121条第3項から第5項までの規定は、施行日以後にされる登記簿の附属書類の閲覧請求について適用し、施行日前にされた登記簿の附属書類の閲覧請求については、なお従前の例による。

2　施行日から第2号施行日の前日までの間における前条の規定による改正後の外国法人の登記及び夫婦財産契約の登記に関する法律第8条の規定の適用については、同条中「第119条（第6項を除く。）」とあるのは、「第119条」とする。


　（抵当証券法の一部改正）

第10条　抵当証券法（昭和6年法律第15号）の一部を次のように改正する。

　第41条中「第121条第2項及び第3項、第153条、第155条、」を「第121条第3項乃至第5項、第154条乃至」に、「同法第121条第2項及び第3項」を「同法第121条第3項中「登記簿の附属書類（第1項の図面を除き、」トアルハ「抵当証券の控え及びその附属書類（」ト、同条第4項中「登記を」トアルハ「抵当証券の交付を」ト、「登記記録に係る登記簿の附属書類」トアルハ「抵当証券の控え及びその附属書類」ト、同条第5項」に、「トアリ並ニ同法第153条及」を「トアルハ「抵当証券の控え及びその附属書類」ト、同法第154条中「登記簿等及び」トアルハ「抵当証券の控え及びその附属書類並びに」ト、同法」に改める。


　（抵当証券法の一部改正に伴う経過措置）

第11条　前条の規定による改正後の抵当証券法第41条において読み替えて準用する新不動産登記法第121条第3項から第5項までの規定は、施行日以後にされる抵当証券の控え及びその附属書類の閲覧請求について適用し、施行日前にされた抵当証券の控え及びその附属書類の閲覧請求については、なお従前の例による。


　（大麻取締法の一部改正）

第12条　大麻取締法（昭和23年法律第124号）の一部を次のように改正する。

　第10条第2項中「。以下同じ。」を「又は相続財産の清算人」に改める。


　（相続税法及び租税特別措置法の一部改正）

第13条　次に掲げる法律の規定中「第958条の3第1項」を「第958条の2第1項」に

改める。

　　1　相続税法（昭和25年法律第73号）第4条第1項
　　2　租税特別措置法（昭和32年法律第26号）第69条の6第2項

　（相続税法及び租税特別措置法の一部改正に伴う経過措置）
第14条　施行日前に旧民法第952条第1項の規定により相続財産の管理人が選任された場合における前条の規定による改正後の相続税法第4条第1項及び租税特別措置法第69条の6第2項の規定の適用については、これらの規定中「民法第958条の2第1項」とあるのは、「民法等の一部を改正する法律（令和3年法律第24号）附則第4条第5項の規定によりなお従前の例によることとされる場合における同法第1条の規定による改正前の民法第958条の3第1項」とする。

　（質屋営業法の一部改正）
第15条　質屋営業法（昭和25年法律第158号）の一部を次のように改正する。
　　第28条第3項中「左の各号の一」を「次の各号のいずれか」に改め、同項第1号中「相続財産管理人」を「相続財産の管理人若しくは相続財産の清算人」に改め、同項第2号及び第3号中「因り」を「より」に改める。

　（国土調査法の一部改正）
第16条　国土調査法（昭和26年法律第180号）の一部を次のように改正する。
　　第32条の3第1項中「第121条第2項ただし書」を「第121条第3項」に改め、「かかわらず」の下に「、登記官に対し、手数料を納付して」を加える。

　（農地法の一部改正）
第17条　農地法（昭和27年法律第229号）の一部を次のように改正する。
　　第3条第1項第12号中「第958条の3」を「第958条の2」に改める。

　（農地法の一部改正に伴う経過措置）
第18条　施行日前に旧民法第952条第1項の規定により相続財産の管理人が選任された場合における前条の規定による改正後の農地法第3条第1項の規定の適用については、同項第12号中「同法第958条の2」とあるのは、「民法等の一部を改正する法律（令和3年法律第24号）附則第4条第5項の規定によりなお従前の例によることとされる場合における同法第1条の規定による改正前の民法第958条の3」と

する。

　（特許法の一部改正）
第19条　特許法（昭和34年法律第121号）の一部を次のように改正する。
　　第76条中「第958条」を「第952条第2項」に改める。

　（特許法の一部改正に伴う経過措置）
第20条　施行日前に旧民法第952条第1項の規定により相続財産の管理人が選任された場合における特許権、実用新案権、意匠権及び商標権の消滅については、前条の規定による改正後の特許法第76条（実用新案法（昭和34年法律第123号）第26条、意匠法（昭和34年法律第125号）第36条及び商標法（昭和34年法律第127号）第35条において準用する場合を含む。）の規定にかかわらず、なお従前の例による。

　（建物の区分所有等に関する法律の一部改正）
第21条　建物の区分所有等に関する法律（昭和37年法律第69号）の一部を次のように改正する。
　　第6条に次の1項を加える。
　4　民法（明治29年法律第89号）第264条の8及び第264条の14の規定は、専有部分及び共用部分には適用しない。
　　第7条第3項中「（明治29年法律第89号）」を削る。

　（住民基本台帳法の一部改正）
第22条　住民基本台帳法（昭和42年法律第81号）の一部を次のように改正する。
　　別表第1の31の項中「移転の登記」の下に「、同法第76条の3第3項の登記、同法第76条の4の符号の表示」を加える。

　（住民基本台帳法の一部改正に伴う経過措置）
第23条　第2号施行日から第3号施行日の前日までの間における前条の規定による改正後の住民基本台帳法別表第1の31の項の規定の適用については、同項中「登記、同法第76条の4の符号の表示」とあるのは、「登記」とする。

　（日本国と大韓民国との間の両国に隣接する大陸棚の南部の共同開発に関する協定の実施に伴う石油及び可燃性天然ガス資源の開発に関する特別措置法の一部

改正）

第24条　日本国と大韓民国との間の両国に隣接する大陸棚の南部の共同開発に関する協定の実施に伴う石油及び可燃性天然ガス資源の開発に関する特別措置法（昭和53年法律第81号）の一部を次のように改正する。

　　第31条第1項中「第958条」を「第952条第2項」に改める。


（日本国と大韓民国との間の両国に隣接する大陸棚の南部の共同開発に関する協定の実施に伴う石油及び可燃性天然ガス資源の開発に関する特別措置法の一部改正に伴う経過措置）

第25条　施行日前に旧民法第952条第1項の規定により相続財産の管理人が選任された場合における日本国と大韓民国との間の両国に隣接する大陸棚の南部の共同開発に関する協定の実施に伴う石油及び可燃性天然ガス資源の開発に関する特別措置法第2条第3項に規定する特定鉱業権の消滅については、前条の規定による改正後の同法第31条第1項の規定にかかわらず、なお従前の例による。


（民事訴訟法の一部改正）

第26条　民事訴訟法（平成8年法律第109号）の一部を次のように改正する。

　　第124条の見出しを削り、同条の前に見出しとして「（訴訟手続の中断及び受継）」を付し、同条第1項第1号中「相続財産管理人」を「相続財産の管理人、相続財産の清算人」に改める。

　　第125条を次のように改める。

　　第125条　所有者不明土地管理命令（民法第264条の2第1項に規定する所有者不明土地管理命令をいう。以下この項及び次項において同じ。）が発せられたときは、当該所有者不明土地管理命令の対象とされた土地又は共有持分及び当該所有者不明土地管理命令の効力が及ぶ動産並びにその管理、処分その他の事由により所有者不明土地管理人（同条第4項に規定する所有者不明土地管理人をいう。以下この項及び次項において同じ。）が得た財産（以下この項及び次項において「所有者不明土地等」という。）に関する訴訟手続で当該所有者不明土地等の所有者（その共有持分を有する者を含む。同項において同じ。）を当事者とするものは、中断する。この場合においては、所有者不明土地管理人は、訴訟手続を受け継ぐことができる。

　　2　所有者不明土地管理命令が取り消されたときは、所有者不明土地管理人を当事者とする所有者不明土地等に関する訴訟手続は、中断する。この場合におい

ては、所有者不明土地等の所有者は、訴訟手続を受け継がなければならない。

　3　第1項の規定は所有者不明建物管理命令（民法第264条の8第1項に規定する所有者不明建物管理命令をいう。以下この項において同じ。）が発せられた場合について、前項の規定は所有者不明建物管理命令が取り消された場合について準用する。


（破産法の一部改正）
第27条　破産法（平成16年法律第75号）の一部を次のように改正する。
　第224条、第226条第1項、第230条第1項第3号、第234条、第236条及び第266条中「管理人」の下に「、相続財産の清算人」を加える。


（有限責任事業組合契約に関する法律の一部改正）
第28条　有限責任事業組合契約に関する法律（平成17年法律第40号）の一部を次のように改正する。
　第74条第2項中「同法第907条第3項」を「同条第4項」に改める。


（競争の導入による公共サービスの改革に関する法律の一部改正）
第29条　競争の導入による公共サービスの改革に関する法律（平成18年法律第51号）の一部を次のように改正する。
　第33条の2第1項第3号中「同条第1項」を「同項」に改め、「（電磁的記録にあっては、記録された情報の内容を法務省令で定める方法により表示したもの）」を削り、同項第4号中「第121条第2項」を「第121条第3項又は第4項」に、「同項の」を「これらの規定の」に改め、「（前号の図面を除く。）」を削り、「同項ただし書の利害関係」を「同条第3項の正当な理由」に改め、同項第10号及び第11号中「第121条第2項の規定に基づく同項」を「第121条第3項又は第4項の規定に基づくこれらの規定」に、「同項ただし書の利害関係」を「同条第3項の正当な理由」に改める。


（特別会計に関する法律の一部改正）
第30条　特別会計に関する法律（平成19年法律第23号）の一部を次のように改正する。
　附則第382条中「附則第372条の規定による改正後の」を削り、「第120条第3項、第121条第3項」を「第119条の2第4項、第120条第3項、第121条第5項」に改める。

（特別会計に関する法律の一部改正に伴う経過措置）

第31条　施行日から第3号施行日の前日までの間における前条の規定による改正後の特別会計に関する法律附則第382条の規定の適用については、同条中「第119条の2第4項、第120条第3項」とあるのは、「第120条第3項」とする。


（所有者不明土地の利用の円滑化等に関する特別措置法の一部改正）

第32条　所有者不明土地の利用の円滑化等に関する特別措置法（平成30年法律第49号）の一部を次のように改正する。

　目次中「不在者の財産及び相続財産」を「所有者不明土地」に改める。

　第3章第3節の節名を次のように改める。

　　　　第3節　所有者不明土地の管理に関する民法の特例

　第38条中「の長（」の下に「次項及び」を加え、「管理人」を「清算人」に改め、同条に次の1項を加える。

　2　国の行政機関の長等は、所有者不明土地につき、その適切な管理のため特に必要があると認めるときは、地方裁判所に対し、民法第264条の2第1項の規定による命令の請求をすることができる。


（表題部所有者不明土地の登記及び管理の適正化に関する法律の一部改正）

第33条　表題部所有者不明土地の登記及び管理の適正化に関する法律（令和元年法律第15号）の一部を次のように改正する。

　第32条の見出しを「（適用除外）」に改め、同条を同条第2項とし、同項の前に次の1項を加える。

　所有者等特定不能土地及び特定社団等帰属土地（いずれも第15条第1項第4号イ又はロに定める登記をする前に民法（明治29年法律第89号）第264条の2第1項の規定による命令がされたものを除く。）については、同条から同法第264条の7までの規定は、適用しない。


（その他の経過措置の政令等への委任）

第34条　この附則に定めるもののほか、この法律の施行に関し必要な経過措置は、政令で定める。

　2　第2条の規定による不動産登記法の一部改正に伴う登記に関する手続について必要な経過措置は、法務省令で定める。

# 索　引

弁護士　柴田龍太郎のプロフィール

【略歴】

昭和49年　早稲田大学法学部卒業

昭和53年　司法試験合格

昭和56年　検事任官（東京地検・徳島地検）

昭和59年　弁護士登録

平成10年4月～13年3月　最高裁判所の委嘱により最高裁判所司法研修所弁護教官

平成17年度～19年度　法務大臣の任命により司法試験考査委員（憲法）

平成23年度～26年度　（公社）全宅連の委嘱により民法改正検討委員会委員

平成27年10月14日～28年3月31日
　　　国土交通省不動産課の委嘱により民法改正に対応した標準売買契約書整備検討委員会委員

平成29年度10月　最高裁判所の委嘱により司法修習生考試委員会委員

平成29年度　（公社）全宅連の委嘱により民法等各種法令改正を踏まえた宅地建物取引制度の
　　　あり方に関する調査研究会委員

令和3年度　警視庁留置施設視察委員会委員長

【著書】

| | |
|---|---|
| 問答式　宅地建物取引業の実務 | 新日本法規出版（株） |
| 問答式　マンションの実務 | 新日本法規出版（株） |
| 不動産取引トラブル解決の手引き | 新日本法規出版（株） |
| （公社）全宅連版「わかりやすい売買契約書の書き方」 | （株）大成出版 |
| （公社）全宅連版「わかりやすい重要事項説明書の書き方」 | （株）大成出版 |
| 民法（債権法）改正が不動産取引に与える影響 | （株）大成出版 |
| 日本不動産学会誌　No.105、No.116 | （公社）日本不動産学会 |
| JA版 知っておきたい民法（債権法）改正のポイント | 全国共同出版（株） |
| 民法［債権法］改正による不動産実務の完全対策 | （株）プログレス |

実務本位 所有者不明土地関係

知らなきゃ危ない 改正民法 改正不動産登記法
相続土地国庫帰属法　Q&A

2022年10月1日　第1版 第1刷発行

**責任編集**　深沢綜合法律事務所 柴田龍太郎

**発行者**　尾中隆夫

**発行所**　全国共同出版株式会社
　　　〒161-0011 東京都新宿区若葉1-10-32
　　　TEL. 03-3359-4811　FAX. 03-3358-6174

**印刷・製本**　株式会社アレックス